Die Kissinger-Saga

Evi Kurz

Die Kissinger-Saga

Walter und Henry Kissinger
Zwei Brüder aus Fürth

Edition TimeLineFilm

Gesetzt aus der Bodoni Book

Gesamtherstellung: Birke|Partner, Kommunikationsagentur

Druck und Bindung: Druckerei & Verlag Steinmeier

Printed in Germany

ISBN 978-3-940405-70-8

www.tlf-timelinefilm.de

Inhalt

Vorwort

Dieses Buch erzählt zwei Geschichten. Sie gehören zusammen.
In der einen geht es um den Lebensweg zweier Brüder, die zwischen den Weltkriegen in Deutschland aufwuchsen, ihre Heimat in der Nazi-Zeit verlassen mussten, in Amerika große Karrieren machten und doch immer wieder in ihre deutsche, ihre fränkische Heimat zurückkehren.

Die zweite Geschichte handelt von den Etappen meines ungewöhnlichen Weges zu den beiden. Nie zuvor haben Henry und Walter Kissinger über ihr Privatleben gesprochen. Weil sie es jetzt taten, weil sie mir, der Journalistin aus ihrer fränkischen Heimatstadt Fürth, ihre Lebensgeschichte erzählten, haben sie auch in meiner eigenen ein neues Kapitel aufgeschlagen.

Viele haben auf die ein oder andere Weise daran mitgewirkt, dass dieses Buch geschrieben werden konnte – Bibliothekare und Archivare, Verwandte, Freunde, Kollegen und Weggefährten der beiden Brüder, allen voran aber diese selbst. Ohne die Gespräche, die ich mit ihnen führen durfte, und ohne die Unterlagen, die sie mir zur Verfügung stellten, hätte ihre Geschichte nicht aufgeschrieben werden können. Und meine Geschichte wäre um ein großartiges Erlebnis ärmer. Henry und Walter Kissinger gilt daher mein ganz besonderer und mein sehr persönlicher Dank.

Fürth, im März 2007   Evi Kurz

Wie ich Henry und Walter suchte

Dann tue ich es. Ich schreibe den Brief. Lange habe ich gezögert – Tage, Wochen, Monate. Es waren Zeiten des Zweifelns – an mir, an meinem Thema, an den Brüdern. Denn ich bin ihnen nie begegnet. Natürlich kenne ich den einen aus der Distanz des Fernsehers. Seit ich denken kann, ist Henry Kissinger auf dem Bildschirm präsent, als Staatsmann, als Nobelpreisträger, als Ratgeber. Auch war ich ihm einmal räumlich ziemlich nahe – damals, im Mai 1998, als ihm die Ehrenbürgerwürde der Stadt Fürth verliehen wurde.

Manchmal ist mir, als habe dieses Ereignis erst gestern stattgefunden. So lebendig ist die Erinnerung. Ich war zutiefst gerührt – von seiner Rede und von dem Brief, den Henry Kissinger bei dieser Gelegenheit verlas. Seine fast einhundertjährige Mutter hatte ihn geschrieben. Aus ihren Zeilen sprach eine tiefe Verbundenheit mit der Stadt, in der sie geheiratet und ihre beiden Söhne geboren hatte. Und das, obgleich sie und ihre Familie durch die Nazis aus Fürth verjagt worden waren.

Seither geht mir diese Szene nicht mehr aus dem Kopf. Und im Laufe der Zeit wird daraus die Idee, dieser Geschichte auf den Grund zu gehen. Ich will sie festhalten, will sie in einem Fernsehfilm dokumentieren, solange das noch möglich ist. Solange Henry Kissinger diese Geschichte noch erzählen kann. Immerhin geht der Mann auf die Achtzig zu, und so rüstig und geistig präsent er auch ist – irgendwann wird auch er nicht mehr berichten können, was damals geschehen ist.

Nur ist er nicht irgendein Zeitzeuge. Henry Kissinger ist weltweit eine der gefragtesten und zudem bestbezahlten Figuren des öffentlichen Lebens. Außerdem hat er sich bislang strikt geweigert, vor laufender Kamera über sein Privatleben zu sprechen. Was habe ich schon zu bieten? Natürlich hat Henry Kissinger nie zuvor von mir gehört. Aber ist das nicht vielleicht ein Vorteil? Eine Chance? Immerhin haben wir eines gemeinsam: unsere Herkunft. Wir sind beide in Fürth geboren und aufgewachsen.

So gehen die Monate ins Land, und mir geht die Geschichte allmählich aus dem Kopf. Aber nicht aus dem Herzen. Und dann kommt mir der Zufall zu Hilfe. Als ich Anfang 2003 für einen Fernsehfilm über ein Lokalthema recherchiere, stoße ich darauf, dass Henry einen Bruder hat: Walter Kissinger, ein gutes Jahr jünger als Henry. Merkwürdig, dass der Mann so gut wie unbekannt ist. Jedenfalls hierzulande. Mit wem ich auch immer im Laufe der kommenden Monate darüber spreche – fast alle, sogar Helmut Schmidt, ein alter Freund Henry Kissingers, fragen mich: „Was denn? Henry hat einen Bruder?"

Dabei hat Walter Kissinger in Amerika eine große Karriere hingelegt, stand unter anderem fast zwanzig Jahre lang an der Spitze der Allen Group, eines bedeutenden Technologiekonzerns. Auch er ist also ein Schwergewicht. Komme ich an ihn heran? Immerhin hat er nicht ein so komplexes und kompliziertes Verhältnis zu den Medien wie Bruder Henry. Vielleicht ist er ja für einige Erinnerungen aus seiner alten deutschen Heimatstadt empfänglich. Und außerdem wird Bruder Henry Ende Mai achtzig. Ein Film über die Familiengeschichte wäre doch ein schönes Geschenk.

Also schreibe ich den Brief. Ich bin mir meiner Sache sicher, jedenfalls was die Idee angeht. Alles andere bereitet mir schlaflose Nächte. Die, denen ich von meiner Idee erzähle, winken ab. Meine Familie hält mich für völlig verrückt; allerdings sind meine beiden Töchter aus dem Gröbsten raus, mehr oder weniger erwachsen, so dass ich den Rücken frei habe.

Zunächst denke ich an einen sechs- bis siebenminütigen Film fürs Bayerische Fernsehen, für die „Frankenschau". Aber mein Chef winkt ab, glaubt zu wissen, dass sich „kein Mensch für Kissinger interessiert". Dass er die Sache drei Jahre später ganz anders sieht, ist sein Problem. Auch der Fernsehdirektor in München zeigt kein Interesse: Erst vor fünf Jahren habe der

Bayerische Rundfunk einen Film über Henry Kissinger produziert ... Nun gut, denke ich mir, dann mache ich es eben allein. Ich werde nicht nur – erstmals in meinem Leben – eine neunzigminütige Dokumentation drehen, ich werde den Film auch selbst produzieren, kurzum: Ich werde mich neuen beruflichen Horizonten zuwenden.

Vor allem bin ich entschlossen, die Brüder Kissinger vor die Kamera zu bekommen. Ich will sie zum Sprechen bringen. Sie selbst sollen auf ihre Leben zurückblicken. Werden sie mitmachen? Eigentlich erstaunlich, dass bis heute noch niemand auf die Idee gekommen ist, die Geschichte ihrer Familie zu erzählen. Natürlich weiß ich, dass es für den eigentlichen Anlass zu spät ist: Henry feiert seinen Achtzigsten in sechs Wochen. Aber lieber jetzt als nie. Dann ist der Geburtstag halt der Anlass für den Film.

Am 15. April 2003 schreibe ich Walter Kissinger einen langen Brief und stelle mich und mein Projekt vor. Ich schreibe auf Deutsch. Einmal fühle ich mich im Englischen nicht sicher genug, um den richtigen Ton zu treffen, und dann gehe ich ganz selbstverständlich davon aus, dass auch Walter seine erste Muttersprache nicht vergessen hat, dass er sie jedenfalls noch versteht.

„Mein Name ist Evi Kurz, ich lebe seit meiner Geburt 1955 in Fürth, bin studierte Lehrerin und arbeite als Fernsehjournalistin seit 24 Jahren für das Bayerische Fernsehen, insbesondere für das Magazin ‚Frankenschau‘, das über Land und Leute berichtet ... Wir erreichen mit unserer Frankenschau jede Woche bis zu einer Million Zuschauer und sind mit einem Marktanteil von bis zu 24 Prozent eine der meistgesehenen Sendungen im Bayerischen Fernsehen ... Den 80. Geburtstag Ihres Bruders würde ich gerne zum Anlass nehmen, um ein persönliches Portrait über Ihre jahrhundertelang in Franken verwurzelte Familie drehen zu dürfen ... Darf ich hoffen, dass Sie ... mich ein Stück weit auf meiner Spurensuche begleiten?“

Wird Walter antworten? Er tut es. Auf Englisch. Nur zwei Zeilen, eine Mail. Aber er reagiert. Er wolle über meinen Brief nachdenken und werde von sich hören lassen. Tatsächlich kommt Anfang Mai ein Umschlag aus Amerika. Darin finden sich Kopien aus dem *Who's Who in America* mit den Angaben zu den Brüdern Kissinger, ein leicht ergänzter Lebenslauf Walters, einige Kinderbilder von Henry und Walter, der Text einer Rede, die sein Vater 1975 in Fürth gehalten hat – und: ein Brief. Es ist die Antwort auf mein Schreiben.

Darin erwähnt Walter das Dorf Leutershausen, den Geburtsort seiner Mutter, und erzählt von deren engsten Freunden, Karl und Babby Hezner. Sie allein hätten die Verbindung auch zu einer Zeit aufrechterhalten, als alle übrigen der Mutter die Freundschaft gekündigt hätten: „Dass Karl Hezner die Nazi-Zeit überlebt hat, ist ein Wunder." Bis heute stünden er, Walter Kissinger, und sein Bruder Henry im engsten Kontakt mit den beiden Töchtern der Hezners, ihren Spielkameradinnen während der gemeinsamen Kindheit. Dann gibt er mir noch ihre Adressen und stellt ein persönliches Gespräch in Aussicht, sollte ich nach New York kommen.

Ist das der Durchbruch? Werde ich mit Walter und dann auch mit seinem Bruder Henry sprechen können? Hätte ich geahnt, welche Wegstrecke noch vor mir lag, dass Walter nicht vor August 2004, Henry gar erst im April 2005 bereit sein würden, vor laufender Kamera über sich und ihre Leben zu reden, hätte ich wohl damals resigniert. So aber bleibe ich am Ball, weil der briefliche Kontakt zu Walter hält, weil der zu Henry hergestellt wird, und weil ich die beiden im Laufe der kommenden Monate wenigstens schon einmal treffen kann.

In der Rückschau frage ich mich, woher ich die Kraft und die Geduld genommen habe. Schon der Versuch Walters, mit Henry über das Projekt zu sprechen und mich dann ins Bild zu setzen, wird zu einer Geduldsprobe, weil der berühmte Bruder pausenlos unterwegs ist. Woher der nur die Energie nimmt? Jedenfalls haben wir auch die gemeinsam – neben unserer fränkischen Heimat. Immerhin.

Einstweilen halte ich Walter mit Mails und Nachrichten aus Fürth und Umgebung bei Laune. Der schlägt dann ein Treffen in London und, zur Vorbereitung, ein Telefonat vor, und ich bin aufgeregt wie ein Kind vor der Bescherung. Entsprechend verläuft am 26. Mai unser erstes Telefongespräch, in dem er mich überrascht – mit seiner ruhigen, angenehmen Art und, soweit ich das beurteilen kann, mit seinem eleganten, akzentfreien Englisch. Ganz anders als bei Bruder Henry, der die fränkische Grundmelodie nie losgeworden ist oder vielleicht auch nie ablegen wollte.

Beiläufig erwähnt Walter, dass sein Bruder seinen Achtzigsten morgen „ganz in der Nähe" verbringen werde. Ich bin wie elektrisiert: Soll das heißen, dass Henry auf seine alten Tage sentimental geworden ist, dass es ihn zum runden Wiegenfest in die fränkische Heimat zieht? Und wenn dem so ist, wohin wird er wohl gehen? Zum Grab des geliebten Großvaters? Einen Versuch ist es wert. Ich weiß, dass Henry, wenn er in der Stadt war, immer auch den Weg dorthin gefunden hat. Vielleicht ist das ja eine Möglichkeit, mit ihm ins Gespräch zu kommen. Also halte ich für alle Fälle einen Kameramann auf Abruf bereit, mache mich auf den Weg zum jüdischen Friedhof von Fürth – dem „neuen", an der Erlanger Straße – und warte auf Henry Kissinger und auf meine Chance. Acht Stunden. Vergebens. Henry war wohl „in der Nähe" – allerdings von Bruder Walter, also in New York.

Ich bin erschöpft, aber nicht niedergeschlagen. Im Gegenteil: Es war eine wichtige, eine intensive Erfahrung mit guten Gedanken, und als ich nach Hause komme, finde ich eine Mail von Walter vor. Darin bestätigt er unser Treffen in London: Montag, 2. Juni, 11.30 Uhr, im Harrington Hall Hotel, South Kensington. Ich reise schon am Abend vorher an und buche mich gleich um die Ecke ein.

Fünfzehn Minuten vor der vereinbarten Zeit bin ich im Harrington Hall, warte und beobachte eine ältere Dame, die zweimal durch die Lobby zum Restaurant und wieder zurück zum Aufzug läuft. Von Walter keine Spur. Ich werde nervös. Nachdem ich mich an der Rezeption nach Mr Kissinger erkundigt habe, taucht eben jene Dame ein drittes Mal auf und ist nun ihrerseits überrascht, dass ich Evi Kurz bin, mit der man verabredet ist. Man hatte mit einer älteren Dame gerechnet.

Eugenie Kissinger, genannt Genie, die ich so kennenlerne und die mir auf Anhieb sympathisch ist, führt mich hinauf in den vierten Stock. Es ist eines jener typischen englischen Hotels, mit langen, eher engen, stets um mehrere Ecken führenden Fluren, ausgelegt mit dieser typisch langhaarigen, bunten, geschmacklosen Teppichware. Walter empfängt uns nicht an der Tür. Er wartet in einem Ohrenbackensessel, der zu einer Sitzgruppe ganz hinten am Ende des Zimmers gehört.

Der erste Eindruck überrascht, um nicht zu sagen enttäuscht. Ich hatte mir Walter anders vorgestellt – als immer noch drahtigen, elegant gekleideten, groß gewachsenen Managertypen. Aber der Mann, der da mit Freizeithose und kariertem Hemd in seinem Sessel hockt, wirkt klein, fast schmächtig. Das ohnehin schmale Gesicht wird von einer überdimensionierten Brille beherrscht. Die Körperhaltung wirkt verkrampft – schon weil Walter geduckt dasitzt, so als läge er auf der Lauer. Während des ganzen Gesprächs klammert er sich an den Lehnen seines Sessels fest.

Heute weiß ich, dass der erste Eindruck trog, dass Walter nervös und angespannt war, und dass diese Anspannung mit dem Thema unseres Gesprächs zu tun hatte. Je besser ich ihn kennenlerne, um so offener, souveräner und warmherziger erlebe ich ihn. Mit etwa 1,70 Meter Körpergröße ist der Achtzigjährige kein kleiner Mann. Er hält sich gerade, wirkt beinahe sportlich, pflegt eine schnörkellose, gewählte Sprache und lässt dabei auf eine unaufdringliche Art erkennen, dass er zu den intelligenten Menschen gehört. Walter ist selbstbewusst und dabei bemerkenswert uneitel. Er weiß um seine Erfolge, und er weiß auch, wie sie zustandegekommen sind. Bruder Henry hat dabei jedenfalls keine Rolle gespielt. Der Mann ruht in sich, er ist authentisch, und das verfehlt seine Wirkung nicht.

Die feinen Gesichtszüge, die wachen Augen, das gewinnende, dabei stets zurückhaltende Lächeln tun ein übriges. Walter hat Charme. Dass er umsichtig, fürsorglich, aufmerksam ist, spüre ich bald. Genie bestätigt das – später auch vor laufender Kamera – und erzählt, dass sie deshalb ihr Leben lang großes Glück gehabt habe. Und dass auch Walter weiß, was er an seiner Frau hat, fühlt man, wenn man mit den beiden zusammen ist. Bis heute hält sie ihm den Rücken frei, und natürlich ist Genie dabei, als Walter erstmals mit mir über sich und seinen Bruder spricht.

Die Atmosphäre ist angespannt. Walter weiß, dass er einen ersten Schritt auf einem Weg getan hat, dessen Ende er nicht kennt. So wie er ja auch mich nicht kennt, nicht weiß, wer ihm da in einem Londoner Hotelzimmer gegenübersitzt. Warum ich ihn angeschrieben habe, und nicht seinen Bruder, um den es mir doch eigentlich gehe? „Weil ich glaube, dass Henry meinen Brief niemals gelesen, sondern ihn gleich in den Papierkorb befördert hätte." Also wolle ich über ihn an Henry herankommen?

Ich versuche mein Bestes, um Walter von meinem eigentlichen Anliegen zu überzeugen, stelle klar, dass es mir gerade um ein Gesamtportrait der Familie geht, dass ich nicht nur über Henry, sondern auch über ihn, Walter, und nicht zuletzt über ihre Eltern Louis und Paula Kissinger berichten will. Natürlich gehört dazu auch ein Gespräch mit Henry. Also gut, sagt er schließlich, ich solle den Brief an Henry schreiben und an ihn schicken. Er werde seinen Bruder treffen und sicherstellen, dass er meinen Brief lese. Dann gehen wir essen.

Die Nervosität will nicht weichen – bei ihm nicht, und bei mir auch nicht. Er hat mir einige Zeitungsausschnitte mitgebracht, in denen über ihn und seine Karriere berichtet wird. Ich schenke ihm einen Bildband über das alte Fürth und ein Büchlein mit Kindheitserinnerungen von Robert Schopflocher. Der ist so alt wie die Brüder Kissinger, auch er ist in Fürth aufgewachsen, auch er und seine Familie sind aus der Stadt vertrieben worden. Begegnet sind sich die drei nie wirklich, aber Walter freut sich sichtlich über diese Nachricht aus frühen Tagen.

Als ich ihm dann Kopien aus den Polizeiakten gebe, in denen die Ausreise seiner Familie aus Fürth dokumentiert ist, wird Walter kreidebleich, beginnt zu zittern und bereitet sich auf den Abschied vor: Er bedauere, nicht mehr Zeit zu haben, aber das Programm lasse keinen Freiraum. Der Abschied selbst ist herzlich, und trotz aller Anspannung und trotz des etwas abrupten Aufbruchs bin ich mir sicher: Wir werden uns wiedersehen. Ich habe ein gutes Gefühl.

Aber natürlich bin ich aufgewühlt, außerdem gefällt mir mein Hotel nicht. Nachdem ich es gegen ein anderes getauscht habe, in dem ich mich wohl fühle, und nachdem ich Walter eine entsprechende Nachricht hinterlassen habe, mache ich mich auf den Weg – zunächst in die Holocaust-Ausstellung des Imperial War Museum, dann zu einem Besuch bei einem orthodoxen Juden, dessen Familie gleichfalls aus Fürth stammt, schließlich ins Theater. Aber auf das Stück kann ich mich nicht konzentrieren. Meine Gedanken sind bei Walter.

Weil mein Handy abgeschaltet ist, erreicht mich erst spät nachts seine Bitte um Rückruf: Er würde mich gerne am nächsten Morgen auf einen gemeinsamen Ausflug mit seinen Harvard-Freunden zu Churchills Wohnhaus mitnehmen, brauche allerdings für die Sicherheitsüberprüfung meinen Pass. Als wir am nächsten Morgen telefonieren, sagt er mir zum Abschied: „Fortan haben Sie nicht nur einen Platz in meinem Kopf, sondern auch in meinem Herzen."

Also tue ich den nächsten Schritt. Ich schreibe an Henry, viele eng beschriebene Seiten – über mich, meine Arbeit, meine Pläne: „Es soll ein einfühlsames und warmherziges Portrait werden, das in Franken beginnt, wo Ihre Familie ihre jahrhundertealten Wurzeln hat … Ich gehöre nicht zu den hochdekorierten, berühmten Journalisten aus aller Welt … Mich kennen die Menschen in Franken. Für sie bin ich seit 24 Jahren ein Gesicht, in das sie gerne schauen und dem sie vertrauen … Ich bin keine politische Journalistin. Ich möchte keine sogenannten Skandale aufdecken, niemanden überführen … Lassen Sie mich als Fürtherin die Geschichte Ihrer Familie erzählen. Geben Sie mir, wie es Ihr Bruder tat, die Chance, dass wir uns kennenlernen."

Am 13. Juni geht mein Brief ab – an Walter, der ihn wie versprochen Henry in die Hand drückt. Dann beginnt erneut die Zeit des Wartens. Ich nutze sie, um mit meiner Geschichte voranzukommen, führe zuhause Gespräche, arbeite in Archiven und besuche die Dörfer, in denen die Familie ihre Wurzeln hat und in denen sich die Gräber ihrer Ahnen befinden. Aber natürlich bleibe ich auch in Amerika am Ball: In einem Dutzend Mails und Briefen an Walter versuche ich herauszufinden, ob und wann mit einer Gesprächszusage des Bruders zu rechnen ist. Der hakt zwar nach, zeigt sich aber Ende Juli „nicht mehr optimistisch" und geht dann Mitte August dazu über, mich mit Fotos von seiner Frau, seinen Söhnen, Schwiegertöchtern und Enkelinnen sowie seinen Pferden bei Laune zu halten.

Dann, Ende August 2003, kommt endlich Henrys Antwort. Eine Zusage, wenn auch lediglich zu einem kurzen Interview im Oktober. Mehr sei beim besten Willen nicht drin – die Verpflichtungen, ich wisse schon: in Russland, China und wer weiß wo noch auf der Welt. Im übrigen gebe er *„niemals* Interviews" über sein „Privatleben". Aber dass ich soviel Energie und Hingabe auf das Vorhaben verwendet habe, bewege ihn doch. Außerdem verblüffe ihn, was ich da an Material zusammengetragen habe.

Ob ich wohl einem deutschen Historiker Einblick geben könne, den er mit der Erstellung eines Familienstammbaums betrauen wolle? Im Nachhinein wundere ich mich über meine Naivität. Als ob mit dieser Zusage der Film in trockenen Tüchern gewesen wäre! Sicher, es gibt einen Termin für ein Doppelinterview mit den Brüdern: Ende der ersten Oktoberwoche, in Henry Kissingers New Yorker Büro. Was fehlt, ist ein Filmteam und eine Produktionsfirma. Ich muss entscheiden, und ich muss handeln – schnell und konsequent. Was das Team angeht, gilt es Ausschau nach den richtigen Leuten zu halten und die Arbeits-Visa für die USA zu beschaffen.

Wesentlich weitreichender ist der Entschluss, meine eigene Firma, die TLF-TimeLineFilm GmbH, ins Leben zu rufen. Ich habe diesen Schritt von Henrys Zusage abhängig gemacht, und die liegt jetzt vor. Da kommt es mir gar nicht gelegen, dass ein lange gebuchter Familienurlaub auf Sardinien ins Haus steht. Die Stimmung ist entsprechend: Ich belege ein eigenes Zimmer, das zum Büro wird; allenfalls zu den Mahlzeiten lasse ich mich kurz blicken. Am Ende des Urlaubs bin ich fix und fertig, aber es ist geschafft: Die Firma ist gegründet, das deutsche Kamerateam ist verpflichtet, die Visa sind auf dem Weg, Flüge und Hotel sind gebucht.

Sogar ein schönes Geschenk für die beiden ist gefunden – eigens hergestellt, zwei Fürther Schatullen, unter anderem gefertigt aus dem Holz einer einhundertfünfzigjährigen Fürther Buche. Die eingravierten Widmungen sind auf den Oktober 2003 datiert, den Zeitpunkt des geplanten Doppelinterviews mit Henry und Walter Kissinger. Beide sind sichtlich gerührt und sagen das auch, als ich ihnen die kleinen Präsente überreiche – Walter im Juni 2004, Henry im April 2005.

Denn der Termin im Oktober 2003 platzt. Ende September teilt mir Henry mit, dass er den Termin „wegen einer unvorhergesehenen" Änderung seiner Planungen verschieben müsse und dass ich mich wegen eines neuen mit seinem Büro in Verbindung setzen möge. Nicht nur ich bin irritiert, sondern auch Walter. Offensichtlich bekommen sich die beiden Brüder deswegen auch in die Haare. Jedenfalls entnehme ich das dem Telefonat mit einem sehr erregten Walter Kissinger. Es sieht ganz so aus, als habe sein Bruder einen Rückzieher gemacht – weil er mir doch nicht traut, weil er natürlich, was Journalisten angeht, ein gebranntes Kind ist, und weil ihm der Verdacht gekommen ist, sein kooperationsfreudiger Bruder könne in meinem Film eine prominentere Rolle spielen als er selbst.

Ich bin am Boden zerstört. Aber ich bin auch entschlossen, nicht dort zu bleiben. Ich habe noch nie aufgegeben. Also fange ich an zu drehen – in Deutschland. Auf dem Programm stehen Interviews mit ehemaligen Schülerinnen von Louis Kissinger – des Vaters von Henry und Walter –, aber auch mit dem langjährigen deutschen Botschafter in Washington, Berndt von Staden, der Henry gut kennt und auch mit Walter bekannt ist. Über all das halte ich die Brüder auf dem Laufenden. So gehen die Wochen und Monate ins Land und mit ihnen manches Missverständnis, das transatlantische Gespräche und Korrespondenzen mit sich bringen.

Mit der Winterpause wird der Dialog eingefroren. Walter ist in Kalifornien und erst ab Mitte März 2004 wieder ansprechbar. Die neue Runde beginnt, wie die alte aufgehört hat, mit Mails, Briefen, Telefonaten – und mit einem neuerlichen Missverständnis: Als mich der Fürther Oberbürgermeister Anfang Mai auf den für den 7. Juni geplanten Besuch Henry Kissingers in der Stadt anspricht – von dem ich ja wohl schon wisse? –, bin ich wie erschlagen. Ich erkundige mich bei Walter. Der sagt, er wisse von nichts. Henry habe zwar davon gesprochen, Anfang Juni nach Deutschland und von dort weiter nach China zu reisen, aber das sei die übliche Routine.

Nur nichts anmerken lassen. Aber das wird schwierig. Zwei Wochen später kommt der nächste Tiefschlag, einmal mehr durch den rührigen Oberbürgermeister, der natürlich keine Ahnung hat, was er mit seiner Nachricht anrichtet: Henry komme nicht allein nach Fürth, sondern gemeinsam mit seinem Bruder Walter. Diesmal trifft mich wirklich der Schlag, und ich weiß: Entweder ich habe an diesem 7. Juni gewonnen oder ich habe alles verloren.

Die Wochen bis dahin sind ein Wechselbad der Gefühle. Erst meldet sich Walter, um mich zu informieren, dass er und Henry nach Deutschland kämen. Dass ich das schon weiß, überrascht ihn. Er sagt, es sei eine „sentimental journey", eine Reise der Brüder auf den Spuren ihrer Kindheit aus Anlass seines achtzigsten Geburtstags. Die Idee gefällt mir.

Dann rührt sich erneut Oberbürgermeister Thomas Jung und teilt mit, das Büro von „Dr. Kissinger" habe sich wieder gemeldet: „Evi Kurz" solle lediglich an der anberaumten Pressekonferenz teilnehmen, nicht aber, wie ursprünglich geplant, am Mittagessen in der „Kartoffel". Ich bin bitter enttäuscht, fühle mich brüskiert und frage mich, ob das seine Absicht ist, ob Henry K. mich verletzen will. Sage das am Telefon auch Walter, bevor ich um 17.00 Uhr ins Bett gehe und mir die Decke über den Kopf ziehe. Am nächsten Tag geht die emotionale Irrfahrt weiter, und wieder sitzt – unfreiwillig – der Oberbürgermeister am Steuer des Geisterzuges: Das Büro Kissinger bitte die Stadt Fürth nunmehr ausdrücklich darum, mich – und nur mich – zum Essen mit den Brüdern einzuladen.

So kommt der 7. Juni. Ich gehe erst zum Friseur, dann zum Kleiderschrank, entscheide mich für das hellrosa Etuikleid, und mache mich auf den Weg zur „Kartoffel". Dort hat man schon an der Tafel Platz genommen – in der Mitte, mit dem Rücken zum Eingang: Henry und Walter, eingerahmt von Sicherheitsleuten. Der Oberbürgermeister – wer sonst? – kommt auf mich zu, führt mich zu Henry und stellt mich vor. Der begrüßt mich freundlich, mustert mich interessiert. Walter strahlt bis über beide Ohren. Unsere Begrüßung ist herzlich, aber wir halten uns zurück: Henry sieht und hört alles ... Natürlich weiß ich, dass es ohne Walters massive Intervention nicht zum Treffen mit seinem Bruder gekommen wäre. Offensichtlich wollte er nicht zulassen, dass Henry mich – und ihn – erneut brüskiert.

So treffe ich Henry zum ersten Mal. Natürlich kenne ich ihn. Alle kennen Henry. Henry ist ein Star. Spätestens seit seinem kometenhaften Aufstieg zum Sicherheitsberater Richard Nixons Ende der sechziger Jahre ist er rund um den Globus präsent, auch auf den deutschen Fernsehschirmen. Der Ruhm und die Macht haben ihren Preis. Da geht es Henry Kissinger nicht anders als den meisten Vips. Der Mann steht permanent unter Beobachtung, vor allem in Amerika. Beinahe vier Jahrzehnte lang haben Legionen von Journalisten auf der Lauer gelegen, auf unbedachte Äußerungen in unbeobachteten Momenten gewartet, auf Schwächen gehofft, nach Persönlichem gefahndet – stets auf der Suche nach dem „wahren" Henry.

Das alles weiß ich, als ich ihn das erste Mal treffe. So gesehen ist mein Bild von Henry viel präziser als das von Walter, bevor ich diesem begegnet bin. Und dann erlebe ich auch hier meine Überraschung. Vor allem ist er körperlich präsenter, als ich gedacht habe. Wie sein Bruder etwa 1,70 Meter groß, ist Henry deutlich korpulenter, massiver als Walter. Die leicht nach vorn gezogenen Schultern geben seiner Erscheinung etwas Bulliges. Das heute volle Gesicht mit dem schlohweißen Haar und der hohen Stirn wird nach wie vor von der Hornbrille dominiert, ohne die Henry Kissinger nicht denkbar ist. Und wie seit eh und je trägt er sie auch heute leicht schief. Offensichtlich ist das eines seiner Markenzeichen. So wie das Teil dem Mann auf der Nase sitzt, könnte man ihn leicht unterschätzen. So will er es vielleicht.

Wie er da so steht, würde man ihn nicht für einen Amerikaner halten. Wüsste ich es nicht besser, ich würde sagen: ein deutscher Jude. Und zumindest die Art und Weise, wie er spricht, aber auch sein Tonfall offenbaren die deutsche, die fränkische Herkunft. Henrys Englisch ist präzise, facettenreich, fast konstruiert und bis heute nicht akzentfrei. Wobei interessant ist, dass sich der englische Akzent in Henrys Deutsch um so mehr abschleift, je älter er wird. In Verbindung mit der sonoren Stimme gehört auch die Sprache zu seinen unverwechselbaren Markenzeichen. Man weiß, wer da redet, auch wenn man den Mann nicht sieht.

Wer so lange im Geschäft ist, wer so dauerhaft im Rampenlicht steht wie dieser Mann, kennt und beherrscht natürlich seine Rolle. So gehe ich selbstverständlich davon aus, dass die Seite, die ich zunächst an ihm kennenlerne, die inszenierte ist. Aber bald stelle ich fest: Henry ist tatsächlich so, wie er wirkt – charmant, gewinnend und übrigens sehr humorvoll. So gesehen ist er – wie sein Bruder – authentisch. Jedenfalls der öffentliche Henry, der Profi.

Aber natürlich sieht man nicht alles, weil Henry nicht alles zeigt. Was er nicht zeigt, spüren die, die er an sich heranlässt. So lerne ich einen Mann kennen, der sehr bewegt und sehr sentimental sein kann. Vor allem wenn es um seine Herkunft, seine Familie und seine deutsche Heimat geht. Dann zeigt sich, wie weich und sensibel er ist, und man ahnt, welche Energien er mobilisiert hat, um das ein Leben lang routiniert überspielen zu können. Kein Wunder, dass Henry einen Rückzieher nach dem anderen macht, als es um seine Herkunft geht: Über sie zu sprechen, heißt die Hülle zu lüpfen, und das ist für diesen Mann nicht ohne Risiko.

Damals, an jenem denkwürdigen 7. Juni 2004, als ich ihm erstmals begegne, beginne ich das zu verstehen. In der Fürther

„Kartoffel" werde ich Henry gegenüber platziert, und nachdem wir bei Spargel, Bratwürsten und Bratkartoffeln über dieses und jenes, auch über Fürth und seine Geschichte geredet haben, macht mir Henry erst ein Kompliment – er glaube, ich wisse mehr über seine Familie als er selbst – und sagt dann: Er bedauere die Probleme, die ich seinetwegen mit dem Gesprächstermin gehabt habe, aber er gebe mir das Interview. Nicht hier und heute, sondern später in Amerika. Aber er gebe es mir. Punkt.

Als wir dann über den Vater und die Familie, die Nachbarn und die Freunde sprechen, fragt mich Henry, ob ich Bilder hätte? „Ja." Ob ich sie dabei habe? „Ja." Könne er sie ansehen? „Ja." Jetzt? „Ja." Ich krame in meiner Tasche, die ich heute morgen mit Bedacht für diesen Fall gepackt habe, und zeige einiges aus meiner Sammlung, nicht nur Bilder, von denen ich zu diesem Zeitpunkt noch gar nicht so viele habe. Erstaunlich, dass Henry einige Schülerinnen seines Vaters mit Verwandten verwechselt und steif und fest behauptet, das sei jene Tante und das sei eine andere.

Als die Zeit für die Pressekonferenz gekommen ist, sagt er, ich könne ja jetzt meine Fragen stellen. „Nein." Als ich auf neuerliches Nachsetzen dabei bleibe, schaut er mich verwundert an, sagt aber nichts. Walter, den ich kurz unter vier Augen sprechen kann, ist glücklich und zufrieden: Das Wunder sei geschehen, und ich hätte es vollbracht.

Nach der Pressekonferenz gibt es einen Rundgang durch die Stadt – mit großem Gefolge. Ich bleibe im Hintergrund. Erst als sie losfahren wollen, gehe ich zum Wagen, um mich zu verabschieden. Henry, der mich kommen sieht, steigt wieder aus, schaut mich freundlich an und sagt: „Es ist gut, dass wir uns getroffen haben. Sie bekommen das Interview. Nicht hier in Fürth, sondern in New York, vielleicht auch in Berlin. Aber Sie bekommen es." Ich bin glücklich. Ich mag Henry.

Versprochen: Fürth, 7. Juni 2004.

Und ich komme Walter immer näher. Am nächsten Tag treffen wir uns in Bamberg, vier Tage später in Leutershausen, bei Erika Bickert, der Tochter jener Hezners, die als einzige auch nach 1933 den Kontakt zu den Kissingers gehalten haben. Zum ersten und einzigen Mal höre ich Walter, der nach unserem Treffen in Bamberg einen Schwächeanfall hatte, etwas deutsch sprechen. Und wenn er dann von Henry spricht, sagt er „Heinz". So nämlich hieß der Bruder, bevor sie Deutschland verließen. Das alles rührt mich sehr an.

Bin ich am Ziel? Oder doch kurz davor, es zu erreichen? Zwar gibt es von Henry nichts Neues, jedenfalls keinen Termin. Dafür eine Einladung von Walter und seiner Frau Genie auf ihre Ranch in Colorado. Dort soll das erste Interview mit dem jüngeren der beiden Brüder stattfinden. Am 26. August 2004 mache ich mich auf den Weg – mit einem Kamerateam, voller Hoffnung, aber auch mit der bangen Frage, ob das Interview gelingen wird. Zugleich wird mir klar, dass die Absage Henrys auch ihr Gutes hat: Beide gemeinsam vor der Kamera, in Henrys Büro, und das in zweimal dreißig Minuten – das hätte nicht funktioniert. Jetzt also Walter.

Gegen Drei sind wir in Denver, von dort geht es mit dem Mietwagen weiter nach Colorado Springs. Ich wohne im Broadmoor. Eine Empfehlung Walters. Am nächsten Morgen holt mich Genie ab. Die Ranch liegt in 3 000 Metern Höhe. Drei Jahre haben die beiden nach diesem Ort gesucht. Seit sie das erste Mal in Colorado waren, haben sie sich in die Landschaft verliebt. 1994 sind sie fündig geworden. Die *Lazy K Ranch* grenzt unmittelbar an einen Nationalpark, und das gibt Walter die Möglichkeit, bis zu 100 Kilometer nach Westen oder Norden zu reiten, ohne auf Spuren der modernen Zivilisation zu stoßen.

Weil es, als ich dort ankomme, in Strömen regnet und auch noch Nebel aufzieht, ist zunächst von alledem nicht viel zu sehen.

Oben wartet Walter, gekleidet wie ein Cowboy. Die Begrüßung ist herzlich und persönlich: Auf der Fahrt hat mich Genie darauf vorbereitet, dass die beiden übermorgen Gäste erwarten, und weil hier niemand die in Deutschland übliche Anrede „Herr sowieso" und „Frau sowieso" versteht, verständigen wir uns auf die gängige Anrede mit unseren Vornamen. Jetzt bin ich nicht mehr Frau Kurz. Ich bin jetzt Evi.

Als die Gäste zu besagter Party erscheinen – einem angenehmen, informellen Beisammensein am späten Nachmittag – liegt das Interview schon hinter uns. Ich darf auf der Ranch wohnen und bin in einem großen Appartement im Souterrain einquartiert, in dem sich ein Regal mit Fotoalben befindet. Walter sagt, ich könne sie durchsehen. Da ich das nur mit ihm gemeinsam tun will, sich die Gelegenheit aber nicht mehr ergibt, wird nichts daraus: Ich widerstehe der Versuchung des Alleingangs. Später bereue ich meine Scheu.

Natürlich lerne ich die beiden in den Tagen des nahen Beisammenseins ziemlich gut kennen, auch Genie, die holländischer Abstammung ist. Selten habe ich eine Frau getroffen, die vom ersten Augenblick an so gewinnend sein kann wie Walters Frau. Die natürliche, gradlinige Art, mit der sie auf mich zugeht, tut gut. Da ist nichts Gekünsteltes, keine Taktik, keine Spur von Anbiedern. Genie trägt so gut wie keinen Schmuck, ist meist leger, beinahe unauffällig gekleidet und bevorzugt Blau, die Farbe ihrer Augen. Das offene Gesicht, die klugen Augen und das warme Lächeln laden ein, mich auf sie einzulassen.

Als ich das tue, lerne ich eine intelligente, gebildete und vor allem konsequente Frau kennen, die sich früh sicher war, welchen Lebensweg sie einschlagen wollte. Obgleich sie nicht den mütterlichen Typ vorstellt, entspricht sie diesem traditionellen Klischee. Sie weiß das, und sie will das. Zu ihrem Selbstverständnis als Hausfrau und Mutter gehörte ein ausgeprägtes soziales Engagement. Erst Anfang der neunziger Jahre gibt sie einige

Die Frau an Walters Seite: Genie Kissinger beim Interview auf der Ranch in Colorado, August 2004.

ihrer Ehrenämter ab, zum Beispiel beim Amerikanischen Roten Kreuz, in der *Suffolk County Child Development Agency*, die sich um schwerbehinderte Kinder kümmert, oder bei *United Way*, einer der führenden amerikanischen Wohlfahrtsorganisationen. Für die konsequente Ausübung eines Berufs blieb da kein Raum. Das soziale Engagement war ihr Aufgabe genug, die Familie war und ist das Zentrum ihres Lebens. Allen voran Walter, den sie liebt und für den sie durchs Feuer geht, aber auch die gemeinsamen Kinder Bill, Tom, Dana und John. Die Söhne haben übrigens ein eher gespaltenes Verhältnis zu ihrem berühmten Onkel. Manches, was sich mit dessen Namen verbindet – Vietnam, Kambodscha oder auch Chile –, sehen sie, wie viele ihrer Generation, kritisch. Der Vater hält sich in dieser Hinsicht bedeckt, verteidigt aber, wenn nötig, den Bruder in den heimischen Debatten. Das hält er im Familienkreis nicht anders als in der Öffentlichkeit.

Und so beschreibt Genie ihren Mann nicht nur als charmant, höflich und zuvorkommend, sondern sie sagt auch, dass er äußerst korrekt und integer sei. Ich kann das nur bestätigen. Diese Eigenschaft entspricht seiner vornehm zurückhaltenden Art. Der große öffentliche Auftritt, wie ihn Bruder Henry gerne inszeniert, ist Walters Sache nicht, obgleich er nach wie vor diverse Ämter innehat und unter anderem mit Genie die gemeinsame Familienstiftung führt. Von seinem Ehrendoktortitel macht er keinen Gebrauch.

Kein Geheimnis macht Walter aus seinen Hobbys, denen er bis heute nachgeht, dem Reiten, dem Motorradfahren und dem Tiefseetauchen. Schon früh hat er sein eigenes Flugzeug gesteuert. Wenn er auf der Ranch ist, sitzt der Achtzigjährige täglich drei bis vier Stunden im Sattel. Der konzentrierte Sport, namentlich das Reiten, ist Ablenkung und Entspannung zugleich.

Den Pferden gehört seine Leidenschaft. Walter besitzt eine Herde stattlicher Araber und reitet – wie könnte es anders sein – den Leithengst. „Gofer", ein stolzer Rappe, steht dann auch im

Mittelpunkt unseres ersten Drehtages, der uns mit prächtigem Wetter verwöhnt. Nach Nebel und Dauerregen jetzt stahlblauer Himmel, strahlende Sonne und glitzernder Neuschnee auf den Gipfeln – eine Sensation im August und eine atemberaubende Kulisse für unsere Außenaufnahmen. Glück gehört eben dazu.

Drinnen stelle ich fest, dass zu Walters Rancherleben auch skurrile Aspekte gehören. Dass der Musikliebhaber, dem die Moderne fremd ist, die großen deutschen Komponisten Mozart, Beethoven, Schubert oder auch Brahms bevorzugt, überrascht zwar nicht. Als wir uns dann aber – am ersten Abend und nach einer Besichtigung seiner Sättel- und Gewehrsammlung – im gemütlichen Wohnraum zum Essen niederlassen, erklingt im Hintergrund deutsche Marschmusik. Offensichtlich hat Walter sie eigens zu diesem Anlass aufgelegt, und als sich Genie nach einer Weile irritiert erkundigt, was denn das für eine merkwürdige Musik sei und ob er nicht eine andere wählen könne, entscheidet der sich für die deutsche Nationalhymne.

Die wiederum bringt Walter zu der Frage, ob sie heute noch die Hymne der Deutschen sei. Vieles bewegt ihn an diesem Abend: Wie wir Deutsche heute die Nazi-Zeit beurteilten? Wie wir mit diesem Erbe unserer Eltern umgingen? Es ist ein schwieriges und sehr persönliches Gespräch. So nähern wir uns Schritt für Schritt dem Thema des Interviews.

Das findet auf der Terrasse statt. Das Wetter ist immer noch wunderschön. Eigentlich ideale Bedingungen für ein entspanntes Gespräch, und so beginne ich das Interview im Hier und Heute, frage ihn nach der Ranch und nach den Pferden. Aber je mehr wir uns im Krebsgang seiner Kindheit und Jugend nähern, umso einsilbiger und nervöser wird Walter. Selbst sein armer Kater, den er auf den Schoß gelockt hat und nun regelrecht durchknetet, kann ihn nicht beruhigen.

Als Walter dann, sichtlich bewegt, darum bittet, die Kamera abzuschalten, und ins Haus geht, bin ich mir nicht sicher, ob er

Stolz und frei: Walter Kissinger inspiziert auf „Gofer“, dem Leithengst seiner Araberherde, seinen Landbesitz in Colorado, August 2004.

„Können wir die Kamera anhalten?“ Auf der Terrasse seiner Ranch in Colorado: Walter Kissinger im Gespräch über das Schicksal seiner Familie, August 2004.

zurückkommt. Immerhin darf ich diese Szene erschütternder Sprachlosigkeit in den Film nehmen. Man spürt, dass er mit diesem Kapitel seines Lebens vor langer Zeit abgeschlossen hat. Jetzt steigen die Bilder wieder vor ihm auf, und allmählich gewinnt die Geschichte von Heinz und Walter Kissinger auch für mich Konturen.

Die Geschichte von Heinz und Walter

Erster Teil
Die Vertreibung

Tage wie diese sind selten. Selbst in einem langen und an Ereignissen nicht gerade armen Leben. Beinahe neunzig Jahre liegen hinter dem Mann, der an diesem sonnigen, aber kalten Dezembertag des Jahres 1975 zu den Honoratioren und Ehrengästen der Stadt Fürth spricht – mit fester Stimme und doch sichtlich gerührt. Wohl ist Louis Kissinger kein geborener Fürther. Aber er hat hier den „größeren Teil" seines deutschen Lebens verbracht: „Hier habe ich meine Familie gegründet, hier wurden unsere beiden Söhne geboren und hier waren die glücklichsten Jahre meines beruflichen Schaffens."

Bis die Nazis kamen. Dann mussten Louis Kissinger, seine Frau Paula und die beiden Söhne Heinz und Walter die Stadt verlassen. Fast vierzig Jahre ist das jetzt her, ein halbes Menschenleben. Längst hat Louis Kissinger in den Vereinigten Staaten von Amerika eine neue Heimat gefunden. Nicht nur gab dieses „große Land" dem aus Deutschland Geflohenen „wieder eine Lebensmöglichkeit". Es eröffnete auch seinen Söhnen „eine neue Zukunft".

Und doch hat die Stadt, zu deren Vertretern er heute in ihrer Muttersprache und mit unüberhörbar lokalem Zungenschlag spricht, immer seinem „Herzen nahe gestanden". Diese „große Wertschätzung" Fürths gründet in seiner bemerkenswerten Geschichte. Schon früh hat Louis Kissinger sie studiert, und vor allem eine Traditionslinie hat entscheidend dazu beigetragen, dass er nach Fürth gezogen ist und hier seine Familie gegründet hat: „Während in vielen deutschen Städten in vergangenen Jahrhunderten Intoleranz und Voreingenommenheit vorherrschten, lebten in Fürth die verschiedenen Konfessionen in Harmonie zusammen."

Der Ort, in dem die Pegnitz und die Rednitz zur Regnitz zusammenfließen und der 1007 erstmals urkundlich erwähnt ist, blickt auf eine wechselvolle Geschichte zurück. Vor allem der

Dreißigjährige Krieg hat tiefe Spuren hinterlassen. Diese große Katastrophe der europäischen Geschichte erwächst aus den religiösen Gegensätzen der Zeit. Entsprechend verbissen wird der Krieg geführt. Aus einem eher lokalen Ereignis, dem böhmischen Aufstand, entwickelt sich ab 1618 ein europäischer Machtkampf, der durchweg auf dem Territorium des Heiligen Römischen Reiches deutscher Nation ausgetragen wird und dort ungeheure Verluste und enorme Verwüstungen verursacht. Bayern verliert mehr als ein Drittel seiner Bevölkerung. Zahllose Ortschaften werden dem Erdboden gleichgemacht. Auch Fürth.

Hier und in Nürnberg hat der Schwedenkönig Gustav Adolf im Juli 1632 sein Lager aufgeschlagen, bis er wenige Wochen später – unweit der Stadtmauern, im Schatten der Alten Veste – durch ein Heer des römisch-deutschen Kaisers Ferdinand II. zum Rückzug gezwungen wird. Albrecht Wenzel Eusebius von Wallenstein, des Kaisers wichtigster General, hatte die zumeist bayerischen Truppen kommandiert. Zwei Jahre später brennen durchziehende kroatische Truppen den Ort bis auf wenige Häuser nieder. Die Geschichte vom Schwedentrunk – eine in jenem Krieg zuerst von schwedischen Soldaten praktizierte Folter durch gewaltsames Einflößen von Jauche oder ähnlichen Substanzen – wird noch erzählt, als Heinz und Walter Kissinger die Schulbank drücken.

Danach beruhigt sich die Lage des Ortes, auch wenn verschiedene Herrschaften um die Macht in Fürth streiten. Bis 1792 teilen sich die Markgrafen von Ansbach, die Domprobstei in Bamberg und die Reichsstadt Nürnberg in Dreierherrschaft. Dann fällt Fürth für einige Jahre an Preußen, bis es 1806 zu Bayern kommt, zwei Jahre später die offizielle Bezeichnung „Stadt" erhält und seit 1818 über eine eigene Stadtverwaltung verfügt. Die preußische Herrschaft ist zwar nur von kurzer Dauer, aber sie hinterlässt Spuren: Damals erhält der fränkische Marktflecken entscheidende Impulse für jene Industrialisierung, die Fürth bald aus dem Schatten des mächtigen Nachbarn Nürnberg heraustreten lässt. Als 1835 zwischen den beiden Städten die erste deutsche Eisenbahnstrecke in Betrieb genommen wird, ist Fürth über die Region hinaus ein Begriff.

In diesen Jahrzehnten bis zum Ausbruch des Ersten Weltkriegs erlebt Fürth seine Blütezeit. Das vor der Jahrhundertmitte im italienischen Stil erbaute Rathaus mit seinem 55 Meter hohen Turm, der dem des Florentiner Palazzo Vecchio nachempfunden ist, und der 1890 vor dem Bahnhof eingeweihte Monumentalbrunnen in Erzguss oder auch das 1902 eröffnete Stadttheater zeugen davon. Die dynamische Entwicklung der Stadt spiegelt sich in der Bevölkerungsentwicklung, die vor allem seit den achtziger Jahren enorm an Fahrt gewinnt. Unter den Neubürgern sind nicht wenige, die später innerhalb und außerhalb der Stadtmauern von sich reden machen – Politiker und Unternehmer, Schriftsteller und Verleger.

So Leopold Ullstein, der hier 1823 das Licht der Welt erblickt und später in Berlin den Grundstein für ein bedeutendes Buch- und Zeitungsimperium legt, oder Jakob Wassermann, Jahrgang 1873, der zwischen den beiden Weltkriegen zu den meistgelesenen deutschsprachigen Schriftstellern zählt. Genau genommen steht in Fürth sogar die Wiege des späteren deutschen Wirtschaftswunders. 1895 wird Gustav Schickedanz, der Gründer des dann auch in Fürth ansässigen Versandhauses Quelle, hier geboren. Einhundert Jahre später hält Henry Kissinger, der hier als Heinz zur Welt gekommen und aufgewachsen ist und selbst längst zu den berühmten Söhnen der Stadt gehört, die Festrede.

Zum Kreis dieser berühmten Söhne der Stadt Fürth zählt schließlich auch Ludwig Erhard, der zwei Jahre nach Gustav Schickedanz, im Februar 1897, das Licht der Welt erblickt. Da er wegen einer schweren Verwundung aus dem Ersten Weltkrieg das elterliche Weißwarengeschäft in der Sternstraße, die heute seinen Namen trägt, nicht übernehmen kann, versucht er sich zunächst an einer Karriere in der Wissenschaft. Dass ihn sein Lebensweg schließlich ins Amt des Bundeskanzlers führen wird, ist nicht vorherzusehen, als er die amerikanische Militärverwaltung nach dem Zweiten Weltkrieg beim Wiederaufbau seiner Vaterstadt berät.

Als Ludwig Erhard an der Wende vom 19. zum 20. Jahrhundert in Fürth aufwächst, ist die Stadt nicht nur Sitz eines Bezirksamtes, eines Land- und eines Amtsgerichts. Sie beherbergt auch ein Rent- und Hauptzollamt, eine Reichsbanknebenstelle, eine Agentur der Bayerischen Notenbank sowie ein Bezirksgremium für Handel und Gewerbe. Und eben diese haben damals in Fürth hohe Konjunktur.

Produziert werden vor allem sogenannte Nürnberger Waren. Allein 80 Fabriken sind auf die Herstellung von Spiegeln spezialisiert. Daneben steht die Produktion von Blattgold und Metallfolien, Bronze und Bronzefarben, Stahlbrillen und optischen Instrumenten, Möbeln und Maschinen, Gürtler- und Drechsler-, Buchbinder- und Kartonagewaren, Spielzeugen und Bleistiften. Die Fürther Handelshäuser unterhalten Beziehungen zu allen Weltgegenden, zehn Bank- und Wechselgeschäfte sorgen für einen ordentlichen Umsatz, und die elftägige Michaelismesse zieht Jahr für Jahr potente Kunden und Interessenten in die Stadt.

Dabei ist Fürth im eigentlichen Sinne keine Metropole. In dieser Hinsicht liegt die Stadt im Schatten des wenige Kilometer entfernten Nürnberg mit seiner imposanten Burg und seinen fast 150 000 Einwohnern. Die Fürther Bürgerschaft bringt es 1890 gerade einmal auf ein Drittel. Eine Gruppe allerdings ist in Fürth fast so stark vertreten wie in Nürnberg. Knapp 3 200 Juden beziehungsweise „Israeliten", wie man damals sagt, also Angehörige des Volkes Israel, leben 1890 an der Regnitz.

Das ist kein Zufall, denn in der Geschichte der deutschen und jedenfalls der bayerischen Juden nimmt Fürth eine einzigartige

Stellung ein. Sieht man von den Wirrnissen des Dreißigjährigen Krieges ab, bleiben die Juden, die wohl schon seit 1440 mit Unterbrechungen in Fürth leben, über Jahrhunderte hinweg von Verfolgung und Vertreibung weitgehend verschont. Auch deshalb ist das, was auf die Machtübernahme durch die Nazis folgt, gerade für sie ein so unvorstellbares, ein zutiefst schockierendes Erlebnis: Ein Mann wie Louis Kissinger hat sein Leben lang nicht wirklich verstehen können, warum es auch hier, ausgerechnet hier, soweit kommen konnte.

Denn Fürth ist für die deutschen Juden nie ein Ort der Vertreibung, sondern stets ein Ort der Zuflucht gewesen. Die israelitische Gemeinde der Stadt entsteht während der ersten Hälfte des 16. Jahrhunderts, also zu einer Zeit, als die Juden andere Städte und Territorien oft verlassen müssen. Viele von ihnen finden in Fürth eine Bleibe, darunter auch Israeliten aus dem benachbarten Nürnberg, das sie 1499 vertrieben hat.

So übernimmt Fürth bald die Stelle Nürnbergs als blühendes Zentrum des bayerischen Judentums. Der Ort und seine israelitische Gemeinde profitieren von der andauernden politischen Rivalität der Herren von Nürnberg, Bamberg und Ansbach. Dessen Markgraf erlaubte 1528 erstmals zwei Juden die Niederlassung. Solche Privilegien sind damals nicht umsonst zu haben. Jährliche Abgaben und großzügige Geldopfer sind der Preis, den die Fürther Juden für ihre Unabhängigkeit zu zahlen haben. Immerhin bleiben sie so vom Ansbacher Austreibungsmandat des Jahres 1560 verschont und überstehen auch bis ins 18. Jahrhundert hinein sämtliche Versuche des Nürnberger Stadtrates, die lästige jüdische Konkurrenz aus Fürth loszuwerden.

Im Jahr 1582 leben 200 Juden in Fürth, und wie die Gemeinde schon ihre Entstehung der Vertreibung verdankt, profitiert sie in den kommenden Jahrzehnten und Jahrhunderten nicht zuletzt vom Zuzug exilierter Glaubensbrüder. So auch 1670, als ein Teil der aus Wien vertriebenen Juden hier seine neue Heimat findet.

Als Fürth am Beginn des 19. Jahrhunderts zu Bayern kommt und das Stadtrecht erhält, leben hier beinahe zweieinhalbtausend Juden. Die allermeisten von ihnen genießen die vollen Gemeinderechte.

Neben dem Niederlassungsrecht gehört dazu auch das aktive und passive Recht zur Wahl des Bürgermeisters. Außerdem dürfen sie zivilrechtliche Angelegenheiten unter sich regeln, das Polizei- und Strafrecht ausüben und dabei sogar die Rechtshilfe der christlichen Obrigkeit in Anspruch nehmen. Vor allem aber unterliegen das Recht der Selbstverwaltung und die Religionsausübung keiner Beschränkung. Seit Anfang des 19. Jahrhunderts sitzen Juden im Magistrat und im Distriktvorstand, spielen im Geschäftsleben der Stadt eine bedeutende Rolle und sind großzügige Stifter.

Nicht zuletzt aber entwickelt sich Fürth zu einem Zentrum rabbinischer Gelehrsamkeit und jüdischer Bildung. Die berühmte Jeschiwah, Fürths Talmudhochschule, behauptet sich neben den talmudischen Lehrstätten von Hamburg und Frankfurt. Bis sie 1824 durch die bayerischen Behörden geschlossen wird, zieht sie junge Juden aus ganz Deutschland an, unter ihnen zum Beispiel Mayer Amschel Rothschild, den Begründer der Bankhausdynastie, und weist sie in das Studium und die Auslegung des nachbiblischen Hauptwerkes ihrer Lehre ein. Vieles von dem ist noch zu Beginn des 20. Jahrhunderts zu spüren. Kein Wunder, dass die Stadt nach wie vor junge, gebildete Juden anzieht, und so wird auch Louis Kissinger nach Fürth kommen.

Seit 1999 erinnert in Fürth ein Museum an die reiche jüdische Geschichte der Stadt und ihrer Umgebung. Der Bau liegt an der Königstraße und ist Teil eines Ensembles ähnlicher Häuser mit Sandsteinfassade und Mansardendach, die nach dem Dreißigjährigen Krieg und im Zuge der Osterweiterung der Stadt durch wohlhabende jüdische Kaufleute errichtet werden. Im Haus Nr. 89,

dem heutigen Museum, zeugen Stuckdecken und barocke Tür-
beschläge von der sozialen Stellung seiner Bewohner; die Laub-
hütte, die Mikwe – das rituelle Tauchbad im Keller – sowie Spuren der Mesusa – der am rechten Türpfosten befestigten Kapsel
mit dem auf Pergament geschriebenen Glaubensbekenntnis –
erinnern daran, dass hier Juden gelebt haben. Solche Spuren finden sich fast über die ganze Stadt verteilt.

Allerdings besteht das jüdische Fürth, genau genommen, aus
zwei Parallelwelten. Die Mehrzahl gehört schon seit Mitte des
19. Jahrhunderts dem aufgeklärten, liberalen Flügel an. Bei vielen zeigen sich Tendenzen der Assimilation, die manchmal zur
Taufe, oftmals zur Heirat mit einem Nicht-Juden, häufiger noch
mit einer Nicht-Jüdin führt. Der Mittelpunkt der aufgeklärten
Fürther Juden ist die 1617 erbaute Hauptsynagoge, die nicht so
häufig besucht wird wie die vier Nebensynagogen. Die gruppie-
ren sich um den Schulhof. Hierher kommen die orthodoxen
Juden der Stadt; hierher kommt auch der Lehrer Louis Kissinger
mit seinen Söhnen Heinz und Walter.

Der Unterschied zwischen den beiden Welten beschränkt sich
aber nicht nur auf weltanschauliche und religiöse Fragen, sondern spiegelt sich auch in der sozialen Stellung und im Zugang
zur Bildung. Die wohlhabenderen Kreise, die meist dem liberalen Flügel angehören, schicken ihre Kinder aufs städtische Gymnasium. Die Kinder der orthodoxen Juden, die eine breitere Ausbildung bekommen sollen, besuchen hingegen die jüdische
Realschule. Für sie kommt das Gymnasium nicht in Betracht,
weil die Schüler dort auch an Samstagen schreiben müssen, und
das tut ein orthodoxer Jude nicht.

Dass Louis Kissinger an einer solchen Anstalt, dem städtischen Mädchenlyzeum, unterrichtet, obgleich er sich zu den
strenggläubigen Juden zählt, ist bemerkenswert. Und wäre es
nach ihm und seiner Frau gegangen, hätten auch seine Söhne
das städtische Gymnasium besucht. Dazu aber kommt es nicht,

weil die Nationalsozialisten die Zahl der Juden an öffentlichen Schulen auf einen verschwindenden Prozentsatz reduzieren und ihnen damit den Zugang praktisch untersagen. Also drücken Heinz und Walter Kissinger die Schulbänke der israelitischen Realschule an der Blumenstraße.

1862 gegründet, bezieht sie 1869 das im streng klassizistischen Stil errichtete Gebäude. Folgt man der Blumenstraße in nordwestlicher Richtung und biegt in die Theaterstraße ein, gelangt man zum ehemaligen jüdischen Krankenhaus, das hier 1846 neu errichtet worden ist. Für die Juden zählt die Krankenpflege zu ihren religiösen Pflichten. 1943 wird diese Einrichtung durch die Nazis geschlossen. Nach Kriegsende finden hier die ersten Mitglieder der neugegründeten Israelitischen Kultusgemeinde eine Bleibe. Heute wird das Gebäude als Wohnhaus genutzt.

Schräg gegenüber, in der Mathildenstraße 23, Ecke Theaterstraße, liegt übrigens das Geburtshaus von Heinz Kissinger. Hier, in unmittelbarer Nachbarschaft des israelitischen Schulhofs und der ihn umgebenden Synagogen, also im Zentrum des jüdischen Lebens der Stadt, bewohnen Louis Kissinger und seine Frau im ersten Stock eine kleine Balkonwohnung. Auch als sie ein Jahr später in die Marienstraße 5 umziehen, wo bald darauf Walter das Licht der Welt erblickt, verlassen sie dieses Viertel nicht.

Es beherbergt nicht zuletzt das israelitische Waisenhaus. 1763 gegründet, ist es das erste seiner Art in Deutschland. Hier werden Kinder aus ganz Deutschland aufgenommen, hier unterrichtet auch gelegentlich Louis Kissinger – nachmittags und unentgeltlich. Während der Reichspogromnacht besudelt der Mob das Gebäude, in dem sich auch eine Synagoge befindet, und zerstört die Inneneinrichtung. Im März 1942 werden von hier aus 33 jüdische Kinder nach Izbica deportiert und ermordet – gemeinsam mit dem Direktor des Waisenhauses, Dr. Isaak Hallemann, der der Kinder wegen geblieben ist. Heute befindet sich hier die Synagoge der Israelitischen Kultusgemeinde der Stadt.

Die jüdische Gemeinde Fürths hat nie mehr die alte Größe und Blüte erreichen können. Als in der Nacht vom 8. auf den 9. November 1938 die Synagogen der Stadt und andere Einrichtungen des jüdischen Lebens zerstört werden, haben viele Juden ihre Stadt schon verlassen, nicht wenige buchstäblich in letzter Minute. Zu ihnen gehört auch die Familie des Lehrers Louis Kissinger. Dass er einmal aus der Stadt und dem Land würde fliehen müssen, weil er Jude ist, hat er sich nicht vorstellen können. Dabei gibt es schon in den Jahren, in denen er aufwächst, erste Anzeichen dafür, dass Seinesgleichen schwierige Zeiten bevorstehen.

Denn die Zeiten, in denen Louis Kissinger im Februar 1887 zur Welt kommt, sind nur scheinbar ruhig. Das Deutsche Reich ist gerade 16 Jahre alt geworden und hat sich längst unter den führenden Staaten Europas und der Welt etabliert. Seit der Reichsgründung ist Deutschland – nach Russland – der größte Territorialstaat und die bevölkerungsreichste Nation des Kontinents, und weil es durch drei schnell und erfolgreich geführte Kriege zu dem geworden ist, was es vorstellt, gilt das Reich nach wie vor als die erfolgreichste Militärmacht seiner Zeit. Wirtschaftlich ist es auf dem besten Weg, die meisten seiner Nachbarn zu überrunden, im Bereich der Bildung und der Wissenschaften nimmt es einen der vorderen Plätze ein, und selbst als Kolonialmacht mischt Deutschland seit Mitte der achtziger Jahre des 19. Jahrhunderts mit.

So gesehen müssten die Deutschen also ein selbstbewusstes, weltoffenes, der Zukunft zugewandtes Volk sein. Auf der einen Seite geben sie sich auch so. Bei genauerem Hinsehen und Zuhören stellt man aber fest, dass es mit dem Selbstbewusstsein nicht weit her ist, dass vieles trotzig aufgesetzt ist und dass es unter der selbstgewissen Oberfläche gärt. Tatsächlich sind die Deutschen vom Krisenbazillus befallen, glauben nicht an bessere

Zeiten. Auslöser für diese Gemütslage ist die wirtschaftliche Entwicklung. Nicht dass es mit dieser bergab ginge; es geht nur nicht mehr weiter bergauf, jedenfalls nicht in dem Tempo, das unmittelbar nach der Reichseinigung vorgelegt worden war und das fortan als Maßstab gilt.

Denn dem stürmischen Antritt war schon bald, bereits 1873, eine Ernüchterung gefolgt, die als „Gründerkrach" in die Geschichte eingegangen ist. Fortan ließ es die Konjunktur etwas gemächlicher angehen. Von einer Wirtschaftskrise im strengen Sinne des Wortes kann keine Rede sein. Und dennoch wird das Phänomen von den Deutschen so interpretiert, und bald macht im Land das Wort von der „Großen Depression" die Runde. Dabei handelt es sich mehr um ein diffuses Gefühl als um eine realistische Reaktion auf den Zustand der Volkswirtschaft.

Erstaunlich ist, dass sich daran auch nichts ändert, als 1896 die weniger spektakulären Jahre von einer Hochkonjunktur abgelöst werden, die bis ins unmittelbare Vorfeld des Ersten Weltkrieges anhält. Das verbreitete Krisenbewusstsein, das vor allem in den gebildeten und besitzenden Schichten Fuß gefasst hat, mag partout nicht weichen. Und weil die Menschen in Zeiten tatsächlicher oder vermeintlicher Krisen nach Verantwortlichen suchen, rücken jetzt, in den siebziger Jahren, die Juden ins Visier derer, die sich vom Krisenbazillus befallen fühlen.

Die Krise, die dem Gründerkrach auf dem Fuße folgt, ist nicht nur die Geburtsstunde des modernen Antisemitismus, sie gibt dem Phänomen auch seinen Namen. 1879 taucht der Begriff erstmals auf. Seit seinen Anfängen steckt hinter diesem „Antisemitismus" der Versuch, den diffusen Vorurteilen eine Begründung und damit eine Legitimation zu verschaffen. Zu seinen Protagonisten zählt unter anderem Adolf Stöcker. „Kein Volk", versichert der Hof- und Domprediger von Berlin 1882 seinen Zuhörern, „leidet so sehr unter dem bedrückenden Einfluss des Judentums, wie das deutsche ... Wenn wir dies Joch nicht abschütteln, ist unsere ganze Zukunft gefährdet … Deshalb töne es hinaus aus diesem Saal in das ganze Land: Deutschland, Christenvolk, ermanne dich, wach' auf!"

Eine simple, eine wirkungsvolle Strategie: Indem der Antisemitismus den Juden eine dominante Machtposition im kulturellen, politischen und nicht zuletzt im wirtschaftlichen Leben des Kaiserreichs zuschreibt, macht er die vermeintlich Hauptverantwortlichen an der Misere der Krisenjahre namhaft und sichtbar.

Tatsächlich geht es nicht mehr darum, die rechtliche und politische Gleichstellung der Juden zu verhindern. Es geht darum, sie rückgängig zu machen. Gewiss ist es Juden nach wie vor kaum möglich, im Staatsdienst eine große Karriere zu machen. Die Türen zu den Führungspositionen in Bürokratie, Diplomatie und Militär sind ihnen weitgehend verschlossen: Im deutschen Kaiserreich gibt es keinen einzigen jüdischen Berufsoffizier. Dennoch haben die Juden das gesellschaftliche Abseits verlassen und sind in hohem Maße integriert. So gesehen ist der Antisemitismus auch eine Reaktion auf ihre in einigen Bereichen längst erfolgte Assimilation.

Um die Gesellschaft für seine Ziele zu mobilisieren, um also dem Antisemitismus eine Massenbasis zu verschaffen, geht dieser eine brisante Allianz mit dem Nationalismus ein: Die Juden stehen für alles, was der Nation schadet. Das rechtfertigt und erfordert ihre Bekämpfung. Erfolgreich ist diese Agitation vorerst nicht. Bedenkt man, dass der Antisemitismus mit der organisierten deutschen Studentenschaft, dem Bund der Landwirte oder auch dem mitgliederstarken Alldeutschen Verband potente Organisationen auf seiner Seite hat, ist die Resonanz erstaunlich gering. Von der politischen Elite des Kaiserreichs bis hin zur Arbeiterschaft, die sich damals zu einem Machtfaktor der deutschen Gesellschaft entwickelt, trifft er auf eine breite Front der Ablehnung und der Gleichgültigkeit. Auf der parlamentarischen

Ebene existiert der organisierte Antisemitismus bei Kriegsausbruch praktisch nicht mehr.

Dennoch haben die Juden reagiert und 1893 den „Centralverein deutscher Staatsbürger jüdischen Glaubens" ins Leben gerufen. Auch der Fürther Lehrer Louis Kissinger tritt ihm bei. Zu den Zielen des Vereins gehören die uneingeschränkte Gleichberechtigung, nicht zuletzt im Staatsdienst, und natürlich die Bekämpfung des Antisemitismus. Der hat seine Hochburgen dort, wo die Wirtschaftskrise ihr Gesicht – tatsächlich oder vermeintlich – besonders deutlich zeigt, nicht zuletzt in der Provinz. Weite Teile des Landes, darunter viele Städte, bleiben hingegen von der antisemitischen Agitation weitgehend unberührt – jedenfalls vorerst und solange, bis erneut nach Verantwortlichen für Krisen oder Katastrophen gesucht wird.

Zumal in Städten wie Fürth, wo Juden und Christen seit Jahrhunderten miteinander leben, geht die antisemitische Welle der Jahrhundertwende fast spurlos vorbei. 1905 zieht es Louis Kissinger in die Stadt.

Die Kissingers sind seit Generationen im fränkischen Raum verwurzelt. Die männlichen Familienmitglieder verdienen ihren Lebensunterhalt zumeist als Lehrer. Als sogenannte Judenlehrer unterrichten sie ausschließlich jüdische Kinder in den Kultusgemeinden. So wirkt schon der Urgroßvater von Louis, der um 1760 in Kleinebstadt mit dem Namen Meyer Loeb geboren wird, als Lehrer in Bad Kissingen und Rödelsee. Er ist es auch, der in Anlehnung an die Stadt Bad Kissingen den Nachnamen Kissinger annimmt. Damit trägt er den Bestimmungen des bayerischen Judenedikts Rechnung, das 1813 erlassen, in einigen Gemeinden wie zum Beispiel Fürth allerdings erst 1820 in Kraft getreten ist und die Juden zur Annahme von Familiennamen verpflichtet.

Aus Kissingen stammt auch Meyers zweite Frau, die Schwester seiner ersten. Die 1783 geborene Marianne David-Stahl,

Meyer Loeb Kissingers erste Frau, war am 1. Mai 1812 während der Geburt eines Kindes gestorben; von ihren beiden überlebenden Kindern hat nur eines eigene Nachkommen. Nach dem Tod Mariannes heiratet Meyer Loeb Kissinger deren Schwester, Schoenlein David-Stahl. Von ihren zahlreichen Kindern überlebt vermutlich nur eines, der am 29. Oktober 1818 in Rödelsee geborene Abraham Kissinger.

Abraham Kissinger, ein erfolgreicher Weber und Händler, entscheidet, dass alle seine Söhne den Lehrerberuf ergreifen sollen, stellt dieser doch ein sicheres Einkommen in Aussicht. Diesem Wunsch des Vaters folgend, verlassen die vier Söhne Joseph, Maier, Simon und David Kissinger Rödelsee und arbeiten in den benachbarten Dörfern als Judenlehrer. Da es in diesen kleinen Orten zumeist keinen Rabbiner gibt, leisten sie zugleich Vorbeterdienste für die jüdischen Gemeinden. So kommt David Kissinger, der am 13. Juni 1860 das Licht der Welt erblickt hat, nach Ermershausen, und betreut als Religionslehrer und Vorsänger die dortige israelitische Kultusgemeinde.

In dem unterfränkischen Ort, der 1049 zum ersten Mal urkundlich erwähnt wird, sind die Juden seit ihrer Vertreibung aus den Städten im 15. und 16. Jahrhundert ansässig. Zu Beginn des 19. Jahrhunderts bekennen sich von den knapp 450 Einwohnern Ermershausens fast 100 zum jüdischen Glauben. Das ändert sich bis zum Ende des Jahrhunderts, weil viele Juden im Zuge der seit 1861 möglichen freien Ortswahl abwandern: Alleine zwischen 1865 und 1881 ziehen 41 jüdische Einwohner aus Ermershausen fort.

David Kissinger hingegen entscheidet sich gegen diesen Trend und bleibt – weil er die stark geschwundene Gemeinde betreuen will und weil er sein Herz an eine gebürtige Ermershauserin verloren hat. Schon kurz nach seiner Ankunft ist er der drei Jahre jüngeren Karolina Zeilberger begegnet, und bald hält er um ihre Hand an. Die beiden bilden ein hübsches Paar – hier

Fromm und gebildet: David Kissinger, der Vater von Louis und Großvater von Henry und Walter Kissinger.

Feine Partie: Karolina „Lina" Zeilberger, die Frau von David Kissinger, ist attraktiv und wohlhabend.

die dunkelhaarige Karolina mit dem vollen Gesicht unter dem feschen Ponyschnitt, den großen Augen, der anmutigen Nase und den vollen Lippen, dort der stattlich wirkende David, der damals noch einen Vollbart trägt, später einen gestutzten Spitzbart, der stets ein feines Lächeln auf den Lippen trägt, und den man sich ohne Nickelbrille und Hut gar nicht vorstellen kann.

Bevor die beiden heiraten können, muss David in Ermershausen das Bürgerrecht erwerben. So will es das Gesetz. Zum Glück ist Lina, wie sie genannt wird, die Tochter eines vermögenden Landwirtes, der als Mitgift 10 000 Goldmark zustehen. Angesichts solcher Aussichten zeigen sich die Behörden in Ermershausen entgegenkommend: Am 13. Juli 1884 erhält David Kissinger das Bürgerrecht, unmittelbar danach ehelicht er Karolina Zeilberger.

Der Ehe entstammen sieben Kinder: Jenny, die 1901 mit gerade einmal sechs Jahren an Lungenentzündung verstirbt, Ida, Selma, Fanny, Karl, Arno und Louis. Am 2. Februar 1887 wird Louis Kissinger als Zweitältester von David und Lina geboren. Nach allem was wir wissen, verbringt der Junge sorgenlose Kinder- und Jugendjahre in Ermershausen. Das liegt auch an der Stellung des Vaters, der voll und ganz in das Dorfleben integriert ist. Dass er sich auf seinen Spaziergängen durch die Weinberge der Maingegend gerne in philosophischen Gesprächen ergeht, deutet nicht etwa auf einen zurückgezogenen, introvertierten Menschen hin, sondern zeugt ganz im Gegenteil von einem kommunikativen, weltoffenen Naturell.

David Kissinger ist ein lebensfroher Mann mit einem ausgeprägten Sinn für Humor. Jeden Samstagabend nach „Schabbesende" trifft sich der Rabbiner David Kissinger mit dem Schneidermeister, dem Schuhmacher und dem Wirt im Dorfgasthaus zum feucht-fröhlichen Kartenspiel. Nominell gehört David Kissinger zwar der orthodoxen Gemeinde an, aber sein ganzer Lebensstil deutet darauf hin, dass er ein Mann der Moderne, wenn man so will des 20. Jahrhunderts ist. So haben die Kissingers nach der Jahrhundertwende einen eigenen Telefonanschluss, und der ist damals Ausdruck von Fortschritt und Wohlstand.

Noch an seinem Lebensabend spricht Sohn Louis mit Respekt von dem hohen Ansehen, das sein Vater als Lehrer innerhalb der Einwohnerschaft Ermershausens genossen hat. Auch deshalb will der Sohn in die Fußstapfen des Vaters treten und entscheidet sich früh für den Lehrerberuf. Allerdings bricht Louis insofern mit der Familientradition, als er nicht die Karriere eines Judenlehrers anstrebt, sondern Lehrer im öffentlichen Dienst werden will.

Wann er diesen Entschluss gefasst hat, wissen wir nicht. Aber wir wissen, dass der Weg dorthin recht lang und windungsreich gewesen ist. Erst einmal muss der ambitionierte junge Mann aus Ermershausen seine Ausbildung hinter sich bringen. 1900 finden wir den jetzt Dreizehnjährigen auf der Königlichen Präparandenschule Arnstein. Mitte Juli des kommenden Jahres haben seine Lehrer ein klares und durchweg positives Bild ihres Schülers gewonnen, gehört er doch „zu den besten des Kurses".

„Durch seine vielen Geistesanlagen", heißt es im „Jahres-Zeugnis", „seinen lobenswürdigen Hausfleiß, verbunden mit Eifer und Aufmerksamkeit beim Unterricht, hat er in allen Gegenständen die Zufriedenheit seiner Lehrer erworben. Sein religiössittliches, sein disziplinäres Verhalten war durchaus tadelfrei." Entsprechend fallen die Noten aus. Zwar reicht es „im Zeichnen" und „im Schönschreiben" nur für ein „mittelmäßig", dafür sind die Leistungen in der deutschen Sprache und in Musik „gut", in Religionslehre, Arithmetik, Erdkunde, Geschichte und Naturgeschichte sogar „sehr gut". So bringt er die Schulzeit rasch und erfolgreich hinter sich.

Der Schuldienstexspektant Louis Kissinger ist achtzehn Jahre alt, als er sich erstmals für eine Lehrerstelle bewirbt: Das

Vereinigte Heberleinsche und Arnsteinsche Institut ist 1848 von Simon Geiershöfer als Privatinstitut für Mädchen gegründet und 1883 mit der gleichfalls privaten Heberleinschen Töchterschule vereinigt worden. Es ist Fürths erste private höhere Mädchenschule. Ursprünglich für Töchter aus jüdischem Hause gegründet, gehört seit der Jahrhundertwende etwa die Hälfte der Schülerinnen einer christlichen Konfession an, zumeist der evangelischen. Die Schule besteht nur knapp 60 Jahre. Nachdem das städtische Mädchenlyzeum an der Tannenstraße den Unterricht aufgenommen hat, schließt die private Anstalt Ende Juni 1907 ihre Pforten.

Bis es soweit ist, hat Louis Kissinger hier seinen Einstand als Lehrer. Anfang November 1905 gestattet das Direktorat der Heberlein- und Arnsteinschen Höheren Mädchenschule, dass der Schuldienstexpektant bis zu fünf Wochenstunden zur Erteilung des israelitischen Religionsunterrichts in den unteren Klassen „herangezogen" werden darf. Ein bescheidenes Deputat, aber immerhin ein Anfang. Außerdem kann der junge Lehrer zeigen, was in ihm steckt. Und das ist eine ganze Menge.

Jedenfalls kommt das Rabbinat im März 1906 nach einer unangemeldeten Visitation zu einem äußerst günstigen Befund: „Ich freue mich nun, sagen zu können", heißt es im Bericht an den Schulleiter, „dass mich die ... gründlich vorgenommene außerordentliche Visitation vollständig befriedigt hat. Im Interesse der Schule empfehle ich dringend, für dieses Jahr in dieser kombinierten Abteilung einen weiteren Lehrerwechsel zu verhüten, umsomehr als ... Herr Kissinger den richtigen Ton im Umgang mit seinen Schülerinnen zu treffen scheint."

Ähnlich positiv urteilt der Schulleiter, als er seinem Lehrer ein halbes Jahr später, am 18. September 1906, ein Zeugnis ausstellt: „Herr L.K.", lesen wir da, „wirkt seit dem Schulbeginn 1905 an der ... Schule des Unterzeichneten als Lehrer der III. und IV. Klasse. Der Unterzeichnete bezeugt genau, dass der verhältnismäßig sehr junge Lehrer sich gleich zu anfangs seiner beruflichen Tätigkeit als ungemein fleißiger, fähiger und rühriger Pädagoge erwies, sich bisher als äußerst gewissenhaft, pünktlich und pflichtgetreu nach jeder Richtung hin bewährte und infolge seiner Berufsfreudigkeit und Liebe zu den Kindern ganz vorzügliche Unterrichtsresultate erzielte."

Keine Frage, Louis Kissinger hat seinen Beruf gefunden. Nicht einmal zwanzig Jahre alt, attestieren ihm die Vorgesetzten eben jene Eigenschaften, an die sich die Schülerinnen dieses Pädagogen aus Leidenschaft noch in hohem Alter erinnern. Dabei steht er erst am Anfang eines langen Lebens – beruflich wie privat. Hier wie dort hat er die entscheidenden Weichenstellungen noch vor sich. Was sein „Privatleben" angeht, so bescheinigt ihm der Direktor seiner ersten Lehranstalt „ein sehr rühmenswertes". Natürlich wohnt der junge Lehrer, beginnend mit einem Zimmer in der Theaterstraße, zunächst zur Untermiete. Nachdem er für einige Zeit beim Bäckermeister Berle Oppenheimer in der Hirschenstraße untergekommen ist, logiert er seit Anfang Dezember 1908 in der Schwabacherstraße 42.

Zu diesem Zeitpunkt unterrichtet Louis Kissinger bereits an der 1897 gegründeten privaten Heckmannschule. Wahrscheinlich hat er die neue Stelle angetreten, nachdem die Heberlein- und Arnsteinsche Höhere Mädchenschule schließen musste. Jedenfalls wird er am 20. September 1909 zur Anstellungsprüfung zugelassen. Jetzt unterrichtet er für ein Jahresgehalt von 1000 Reichsmark – dieses Mal Jungen, denn die Heckmannschule ist eine reine Knabenschule.

Die Schüler reagieren zunächst erstaunt und mustern den gerade einmal Zweiundzwanzigjährigen, der da vor ihnen steht und ihr Lehrer sein will, mit einiger Skepsis. Doch merken sie bald, dass ihnen hier jemand – Jugend hin oder her – mit Leidenschaft, Ausdauer und Talent etwas fürs Leben mit auf den Weg geben will. Bis 1919 unterrichtet Louis Kissinger an der

Heckmannschule Deutsch, Rechnen und Realien – zu Beginn nur eine kombinierte erste und zweite Klasse, zuletzt vier Stunden täglich. Allerdings gibt es Unterbrechungen.

Offensichtlich sind die Jahre 1909 bis 1919 für Louis Kissinger eine Phase der Suche, der Orientierung und natürlich auch der Unsicherheit: Denn der große Krieg, der seit dem Sommer 1914 zunächst Europa, dann die ganze Welt in seinen Bann zieht und, als er im November 1918 zu Ende geht, von den Zeitgenossen als Weltkrieg bezeichnet wird, geht an niemandem spurlos vorüber – auch an denen nicht, die wie der Lehrer beziehungsweise der Student Louis Kissinger nicht zum Kriegsdienst eingezogen werden.

Doch schon vor Kriegsausbruch lässt dessen Lebensweg Versuche erkennen, sich neuen beruflichen Horizonten zuzuwenden. Dass er Lehrer bleiben will, steht bei alledem außer Frage. Aber natürlich ist Louis Kissinger wie die meisten seines Alters ein ehrgeiziger Mann. Er will nach oben, will eine bessere Stelle und mit ihr ein höheres Gehalt. Dorthin führen zwei Wege. Entweder der Lehrer sucht sich eine neue Stelle mit vergleichbaren Anforderungen an die Qualifikation oder aber er arbeitet an dieser Qualifikation und schafft so die Voraussetzung für den Aufstieg in den Staatsdienst. In den kommenden Jahren schlägt Louis Kissinger beide Wege ein.

So bewirbt er sich wiederholt außerhalb Fürths um eine Lehrerstelle. 1910 hat er damit bei der Israelitischen Präparanden-Schule Talmud-Thora in Burgpreppach Erfolg, lehnt dann aber die Stelle offenbar doch ab. Jedenfalls schickt die Schule dem Bewerber Mitte August 1910 seine Unterlagen zurück – übrigens nach Ermershausen, wo Louis Kissinger nach wie vor erreichbar ist und offensichtlich auch während der Schulferien wohnt. Im Sommer 1918 ist er mit seiner Bewerbung auf eine Lehrerstelle im oberschlesischen Beuthen erfolgreich: Für seine Tätigkeit „hauptsächlich in Erteilung des Religionsunterrichts,

Hebräisch und den damit verwandten Fächern in der Jüdischen Volksschule, Gymnasium, Realgymnasium und Lyzeum" bietet man Louis Kissinger ein Anfangsgehalt von 4 000 Reichsmark jährlich, außerdem einen Wohnungszuschuss.

Warum er sich nach Oberschlesien bewirbt – und dann die Stelle ablehnt –, ist ungewiss. Vielleicht will er sich an der Heckmannschule verbessern. Ernst gemeint hat Louis Kissinger seine Bewerbung wohl schon deshalb nicht, weil er ein Jahr zuvor den zweiten Weg eingeschlagen hat und an seiner eigenen Ausbildung arbeitet. Am 29. April 1917 bewirbt sich der inzwischen Dreißigjährige beim Königlich Bayerischen Staatsministerium des Innern für Kirchen- und Schulangelegenheiten um die Zulassung zur Reifeprüfung an den Realgymnasien und wird dann auch dem Königlichen Realgymnasium Nürnberg zur „Ablegung der Prüfung … zugewiesen".

Keine Frage, Louis Kissinger will an eine öffentliche Schule, und zwar in Fürth, das zu seiner Heimat geworden ist. Am 20. November 1917 verleiht ihm der Magistrat der Königlich Bayerischen Stadt auf seinen Antrag hin das Bürgerrecht, und bereits fünf Wochen zuvor hat er an der nächstgelegenen Universität, also in Erlangen, das Studium aufgenommen. Vom Wintersemester 1917/18 bis zum Wintersemester 1922/23 studiert Louis Kissinger mit einigen Unterbrechungen zunächst Kameralistik, dann Philosophie und hört sich dabei in allen möglichen Fächern um.

Am 10. April 1919 wird ihm erstmals ein Abgangszeugnis ausgestellt. Damit haben Abitur und Studium ihren Zweck erfüllt. In der Nachkriegszeit mit ihrem Lehrermangel reicht diese Qualifikation allemal für eine Anstellung im öffentlichen Dienst: Im Jahresbericht 1919/20 der Städtischen Höheren Mädchenschule Fürth taucht Louis Kissinger, der seit Anfang November 1918 in der Nürnberger Straße wohnt, erstmals als Hauptlehrer für Deutsch, Rechnen und Realien auf. Das Lyzeum, dem von Anfang an eine städtische Handelsschule für Mädchen angegliedert ist, erfreut sich vom Tage seiner Eröffnung an des großen Zuspruchs der Fürther Bürger. Wegen des starken Andrangs muss die Höhere Töchterschule schon 1909, also gut zwei Jahre nach ihrer Eröffnung, um ein zweites Schulhaus an der Tannenstraße erweitert werden.

Hier also, am heutigen Helene-Lange-Gymnasium, ist Louis Kissinger durch eine Regierungsentschließung vom 3. März 1920 fest angestellt, seit 1921 als Hauptlehrer. Damit ist der Traum, an einer öffentlichen Anstalt zu lehren, in Erfüllung gegangen. Bis die Nazis ihm die Ausübung seines Berufs unmöglich machen, bleibt er der Schule verbunden. An seiner neuen Wirkungsstätte ist der Lehrer schon bald so angesehen wie an seiner alten. In der Regel betritt er das Klassenzimmer mit einem Buch unter dem Arm, besteigt mit beschwingtem, fast hüpfendem Gang das Pult und ruft seinen Schülern ein „Setzen, setzen!" zu. Denn natürlich erhebt sich die Klasse, wenn ihr Lehrer im Türrahmen erscheint.

Louis Kissinger ist jetzt Mitte dreißig und ein attraktiver Mann – mittelgroß, mit ausgeglichenen Gesichtszügen, einer auffallenden Ohrenpartie und nach hinten frisiertem, leicht gewelltem, fast gekraustem blondem Haar und feinem Oberlippenbart. Er ist stets korrekt gekleidet, trägt Fliege, später vorzugsweise Krawatte zum meist dreiteiligen Anzug. Seine Schüler nennen ihn „Kissus", und manche Mädchen gestehen noch als hochbetagte Frauen, heimlich für ihn geschwärmt zu haben.

Das liegt an der stattlichen Erscheinung des Mannes, und es liegt an der Art und Weise, wie der Lehrer auf seine Schülerinnen zugeht. Eine von ihnen erzählt später vom Auftritt des Louis Kissinger: Als er sie – gleich in der ersten Stunde – nach den Logarithmen befragt und sie kapitulieren muss, sagt der neue Lehrer: „Mädchen, als ich so alt war wie Du, hab' ich das auch

Umschwärmt: Louis Kissinger, genannt „Kissus", auf einem Ausflug mit seinen Fürther Schülerinnen.

nicht gewusst. Das muss man alles erst einmal lernen." Der Mann ist eben Lehrer aus Leidenschaft, und das heißt auch: Er hat Geduld, und wenn seine Schüler die Dinge nicht gleich verstehen, erklärt er sie eben noch einmal.

Die Jungs erkennen natürlich rasch seine Schwächen. Louis Kissinger ist kein besonders strenger Lehrer, den Stock hat er zwar – wie damals üblich – griffbereit, aber zum Einsatz kommt er so gut wie nie. Daher spielen die Knaben ihm gerne einen Streich. Noch heute kursieren unter seinen ehemaligen Schülern solche Geschichten: So lockern die Jungs einmal die Schrauben des Brettes vor dem eigens gefüllten Waschbecken, an das sich ihr Lehrer zu lehnen pflegte, und erzielen natürlich den gewünschten Effekt: Der durchnässte „Kissus" muss den Unterricht abbrechen, nach Hause gehen und sich umziehen. Auch spricht sich schnell herum, dass Louis Kissinger an Samstagen ein leichtes Opfer ist: Wegen des Sabbatfestes darf er an diesem Tag nicht schreiben, kann also auch keine Eintragungen ins Klassenbuch vornehmen.

Aber der Lehrer Kissinger hat einen zu guten Ruf, als dass ihm solche Vorkommnisse schaden könnten. Von ihm kann man einiges lernen, vor allem die deutsche Sprache. Seinen Schülern fällt auf, dass er ein ziemlich sauberes Hochdeutsch spricht, zwar mit einer leichten fränkischen Tönung, aber nicht mit jenem herben Einschlag, den man sonst in Fürth vernimmt. Insbesondere Gedichte haben es Louis Kissinger angetan, deutsche Lyrik unterrichtet er besonders gern. Seine ehemaligen Schüler, aber auch seine Söhne, können noch heute, hochbetagt wie sie sind, die Gedichte Goethes oder Heines aus dem Kopf rezitieren.

Henry Kissinger, der ältere der beiden, tut das gelegentlich auch öffentlich, so zum Beispiel im Januar 1999, als Freunde und Weggefährten Helmut Schmidts im Hamburger Thalia-Theater den achtzigsten Geburtstag des Altbundeskanzlers feiern. Dieses Mal lässt sich der gefragte Redner nicht über Probleme

der Weltpolitik aus; dieses Mal trägt er zwei Gedichte vor, die
der Vater ihn gelehrt hat: Goethes *Der Adler und die Taube* und
Heines *Jetzt wohin?* Und als Henry, der gut 60 Jahre zuvor
Deutschland als Heinz verlassen musste, dieses Gedicht rezi-
tiert, haben nicht wenige den Eindruck, dass er von sich und seinem Vater spricht:

> *„Jetzt wohin? Der dumme Fuß*
> *Will mich gern nach Deutschland tragen;*
> *Doch es schüttelt klug das Haupt*
> *Mein Verstand und scheint zu sagen:*
>
> *Zwar beendigt ist der Krieg,*
> *Doch die Kriegsgerichte blieben,*
> *Und es heißt, du habest einst*
> *Viel Erschießliches geschrieben.*
>
> *Das ist wahr, unangenehm*
> *Wär' mir das Erschossenwerden;*
> *Bin kein Held, es fehlen mir*
> *Die pathetischen Gebärden.*
> *[…]*
> *Manchmal kommt mir in den Sinn,*
> *Nach Amerika zu segeln,*
> *Nach dem großen Freiheitsstall,*
> *Der bewohnt von Gleichheitsflegeln –*
>
> *Doch es ängstet mich ein Land,*
> *Wo die Menschen Tabak käuen,*
> *Wo sie ohne König kegeln,*
> *Wo sie ohne Spucknapf speien.*
> *[…]*
> *Traurig schau' ich in die Höh',*

Wo viel tausend Sterne nicken –
Aber meinen eignen Stern
Kann ich nirgends dort erblicken.

Hat im güldnen Labyrinth
Sich vielleicht verirrt am Himmel,
Wie ich selber mich verirrt
In dem irdischen Getümmel."

Die Schule ist das Leben des Louis Kissinger, und so ist es kein Zufall, dass er in diesem Umfeld auch die Liebe seines Lebens kennenlernt. Bei einem befreundeten Kollegen trifft er die junge Paula Stern. Die beiden kennen sich flüchtig, denn Paula hat an eben jener Schule ihren Abschluss gemacht, an welcher Louis als Lehrer tätig ist. Unterrichtet hat er sie zwar nicht, aber der Schulmann kennt ihre Abschlussnoten, und die beeindrucken ihn.

Die beiden könnten unterschiedlicher kaum sein – er schüchtern und introvertiert, sie sprühend vor Temperament und voller Lebensfreude. Immerhin überwindet Louis an jenem Abend seine Schüchternheit und begleitet Paula zum Haus ihrer Tante. Dass dies der Beginn eines Weges ist, der sie schließlich für mehr als ein halbes Jahrhundert durch die Höhen und Tiefen eines gemeinsamen Lebens führen wird, ahnen die beiden damals nicht.

Paula Stern wird am 24. Februar 1901, um 10 Uhr vormittags, im fränkischen Leutershausen geboren. Ihre Eltern, Falk und Peppi Stern, haben Mitte November 1898 in Ansbach geheiratet und wohnen seither zur Miete im Haus Nr. 45. Sie gehören zu den insgesamt 62 jüdischen Männern, Frauen und Kindern, die um 1900 noch in Leutershausen leben. Die anderen sind – ähnlich wie im Falle Ermershausen, dem Geburtsort Louis Kissingers – entweder ausgewandert oder, seit sie die freie Ortswahl haben, in größere Städte gezogen, weil sich ihnen hier bessere und vielfältigere Perspektiven eröffnen.

Leutershausen, das im Jahr 1000 zum ersten Mal urkundlich erwähnt wird, ist ein kleines Städtchen, gelegen zwischen Ansbach und Rothenburg ob der Tauber, direkt an der Altmühl. Die Siedlung ist wohl im Zuge des ersten fränkischen Landesausbaus im 7. und 8. Jahrhundert gegründet worden. Jüdische Einwohner sind seit dem 15. Jahrhundert belegt, also nicht zufällig zu jener Zeit, als die meisten bayerischen und fränkischen Städte die Juden vertreiben. Doch auch in Leutershausen sind die Zuwanderer nicht immer willkommen: Gelegentliche Ausschreitungen machen ihnen das Leben schwer, und wer als Jude zuziehen will, bekommt nicht ohne weiteres die Genehmigung des Stadtrats.

Als Paula geboren wird, können die Sterns nicht klagen. Sie sind gut situiert. Der Vater übt als Viehhändler einen damals unter Juden gängigen Beruf aus, ist erfolgreich und hat ein gutes Auskommen. Die Geschäfte laufen so gut, dass Falk Stern 1904 gemeinsam mit seinem Bruder David das stattliche Anwesen Am Markt 8 erwerben kann. In dem geräumigen Haus mit seinem typischen Hof und dem schönen Nutzgarten wächst Paula als behütetes Einzelkind auf. Geschwister vermisst sie nicht, zumal ein großer Freundeskreis und die fürsorgliche Verwandtschaft für Geborgenheit sorgen. Besonders die Besuche bei der Großmutter sind heiß ersehnt, und Omas Pfannkuchen gehören noch im hohen Alter zu Paulas schönsten Kindheitserinnerungen.

Schon weil Vater Stern beruflich viel mit Nichtjuden zu tun hat, ist seine Familie stärker assimiliert als beispielsweise die Familie Kissinger in Ermershausen. Am sozialen Leben der Stadt nehmen die Sterns gerne und intensiv teil. Falk Stern ist zum Beispiel Gründungsmitglied im örtlichen Turnverein, und im Dezember 1922 feiert die Freiwillige Feuerwehr seine fünfundzwanzigjährige Mitgliedschaft. Auch auf den Festen befreundeter nichtjüdischer Familien sind die Sterns gerne gesehene Gäste. So zeigt ein Foto Vater Falk und Tochter Paula auf der Hochzeit bei Keidels in Treisdorf.

Was bringt das Leben? Paula Stern, die Mutter von Henry und Walter, ist die einzige Tochter des jüdischen Viehhändlers Falk Stern aus Leutershausen.

Antisemitismus, so erinnert sich Paula noch an ihrem Lebensabend, habe sie weder gesehen noch gespürt. Ganz im Gegenteil
sei sie als Tochter des jüdischen Viehhändlers unter den vielen
Bauernmädchen in Leutershausen etwas Besonderes gewesen.
Paula ist beliebt. Selbstzweifel kennt sie nicht. Sie ist stolz auf
ihre jüdische Herkunft.

In Leutershausen gibt es damals eine Synagoge, in der sich die
wohl zwanzig jüdischen Familien zum Gebet versammeln. Paulas
Eltern sind gläubige Juden, der Vater ist später 15 Jahre lang Vorsitzender der israelitischen Gemeinde, bis diese von den Nazis auf-
gelöst wird. Trotz weitgehender Assimilierung hält man sich streng
an die religiösen Vorschriften. Gegessen wird stets zu Hause, da
die Gaststätten keine koschere Kost anbieten. Häufig kommen
jüdische Besucher von außerhalb, um bei der Familie Stern ihre
Mahlzeit einzunehmen. Als Kind hat Paula naturgemäß kaum
aktiv Anteil am Gemeindeleben. Allerdings besucht sie jeden Tag
nach der Schule den Religionsunterricht, erlernt dort das Hebrä-
ische und wird in die Geschichte des Judentums eingewiesen.

Ihre engste Jugendfreundin ist die sechs Jahre ältere prote-
stantische Babette Hammerder, genannt „Babby", deren Eltern
in der Stadt einen Landmaschinenhandel betreiben. Die Freundschaft von Paula und Babby hält ein ganzes Leben lang. Gemeinsam mit ihr und den anderen Dorfkindern besucht Paula die
öffentliche Schule in Leutershausen. Sie ist eine gute Schülerin.
Vor allem liest sie gerne, auch in ihrer Freizeit. Zur bevorzugten
Lektüre schon des Kindes gehören Berichte und Geschichten
über die Insel Mont-Saint-Michel mit dem berühmten Benedik-
tinerkloster. Als Louis Kissinger nach dem Zweiten Weltkrieg
mit ihr dorthin reist, erfüllt er ihr einen Jugendtraum. In der
Klasse ist Paula voll integriert und akzeptiert, denn sie ist cou-
ragiert – und sie ist die Tochter eines angesehenen Mannes.

Da es in Leutershausen keine weiterführende Schule gibt,
wird Paula, als sie zwölf ist, von ihren Eltern aufs Gymnasium

Freundschaft fürs ganze Leben: „Babby" Hezner, geb. Hammerder, (links)
und Paula Kissinger, geb. Stern, in Leutershausen.

nach Fürth geschickt. Allerdings liegt die Stadt beinahe 80 Kilometer von Leutershausen entfernt, und so quartiert sich Paula in Fürth bei ihrer Tante Berta Fleischmann ein. Berta ist eine Schwester ihres Vaters und betreibt gemeinsam mit ihrem Mann Sigmund in der Stadt eine koschere Metzgerei und Garküche. Die liegt in der Hirschenstraße. Im zweiten Stock des Hauses befindet sich die Wohnung. Wenn sich Paula Stern in Fürth auch nie so zu Hause fühlt wie in Leutershausen, hat sie dort doch zunächst eine gute Zeit. Denn der Schulunterricht, der nun einmal im Mittelpunkt des täglichen Lebens steht, macht ihr nach wie vor große Freude.

Doch bald schon ändert sich die Lage – für das Land, für die Familie Stern und für Tochter Paula. Anfang August 1914 wird auch das idyllische Leutershausen von den Verwerfungen der Weltpolitik erfasst. Als Österreich-Ungarn, der engste und einzige noch zuverlässige Bündnispartner des Deutschen Reiches, nach der Ermordung seines Thronfolgers in Sarajewo einmal mehr in eine schwere Balkankrise verwickelt wird, entschließen sich die politische und militärische Führung in Berlin zu unbedingter Solidarität. Und so findet sich Deutschland nach Wochen zunehmender Spannung gleichsam über Nacht in einem großen europäischen Krieg wieder. Nachdem das Reich selbst die Flucht nach vorne angetreten und am 1. beziehungsweise 3. August 1914 Russland und Frankreich den Krieg erklärt hat und seine Truppen nach Belgien einmarschiert sind, quittiert die britische Regierung diesen Akt ihrerseits mit der Kriegserklärung an Deutschland.

Zu den in Belgien stationierten deutschen Soldaten gehört für knapp ein Jahr auch Paulas Vater. Falk Stern genügt damit seiner Pflicht. Viele seiner jüdischen Glaubensbrüder melden sich freiwillig zu den Waffen, denn auch sie haben keinen Zweifel: Deutschland befindet sich in einem Verteidigungskampf, in dem es um nicht weniger als um seine Existenz geht. Die jüdischen Organisationen rufen ihre Mitglieder auf, der Heimat ihre Kräfte „über das Maß der Pflicht hinaus" zur Verfügung zu stellen. 12 000 Juden sterben schließlich für ihr deutsches Vaterland.

Allerdings macht sich in den Reihen der jüdischen Kriegsteilnehmer bald Ernüchterung breit. Schon am Ende des Jahres 1914 zeigt der Antisemitismus an der Front sein Gesicht, und je länger sich die Kämpfe hinziehen, um so manifester, öffentlicher und offizieller wird er. Als der preußische Kriegsminister im Oktober 1916 eine statistische Erhebung über die Dienstverhältnisse der deutschen Juden im Krieg anordnet, sehen diese darin zurecht eine kaschierte Form des administrativen Antisemitismus. Diese sogenannte Judenzählung ist ein Schlag ins Gesicht der patriotischen deutschen Juden, und sie ist ein Fanal. Ein Jahr später, im Oktober 1917, schreibt die Zeitschrift des Centralvereins deutscher Staatsbürger jüdischen Glaubens in dunkler Vorahnung: „Uns steht ein Krieg nach dem Kriege bevor."

Als Paula Stern in hohem Alter auf ihr Leben zurückblickt, sieht auch sie im Ersten Weltkrieg die entscheidende Wende hin zum Antisemitismus in Deutschland. Sie macht ihn an der Einberufung ihres Vaters fest. Dass die deutschen Behörden Falk Stern einziehen, obgleich er damals schon 45 Jahre alt ist, hat Paula nie vergessen können. Hinzu kommt, dass der Vater nach dem Tod seiner Frau nicht freigestellt wird.

Am 4. Juli 1915 stirbt Peppi Stern mit gerade einmal 42 Jahren. Im Leben der Tochter ist das ein tiefer Einschnitt. Der Verlust der geliebten Mutter wiegt schwer. Immerhin ist Paula gerade einmal 14 Jahre alt. Zudem zeichnet sich mit dem Tod der Mutter auch das vorläufige Ende von Paulas Jugend- und Schulzeit ab, die gerade erst eine neue Stufe erreicht hat. Denn im Dezember 1914 ist sie nach Fürth zurückgekehrt, hat erneut bei Onkel und Tante Fleischmann Quartier genommen und drückt seither wieder die Schulbank.

Der Tod der Mutter ändert zwar vorerst nichts an der Lage, weil der „Handelsmann" Falk Stern am 5. Juni 1915, also wenige Wochen vor dem Tod seiner Frau, zum Kriegsdienst eingezogen worden ist und die Tochter nur dann nach Leutershausen zurückkehrt, wenn der Vater auf Heimaturlaub ist. Allerdings steht Falk Stern nur gut ein Jahr im Feld. So beruhigend die Nachricht für die Halbwaise ist, so einschneidend sind die Konsequenzen. Denn als der Vater Mitte Mai 1916 zum Landsturm-Infanterie-Ersatz-Bataillon Nürnberg III B 16 versetzt wird und aus Belgien zurückkehrt, übernimmt Paula endgültig den Haushalt in Leutershausen. Statt Mathematik oder Geographie zu lernen, steht sie am Küchenherd. Dass ihr das Spaß macht, lässt sich nicht sagen.

So sehr sich die inzwischen Achtzehnjährige in Leutershausen verwurzelt weiß, so klein und beengt kommt der unternehmungslustigen, wissbegierigen jungen Frau jetzt das fränkische Städtchen vor. Paula ist einsam, und sie langweilt sich. Zudem ist der Vater streng und konsequent: Abends alleine auszugehen, kommt nicht infrage. Aber zum Glück ist da ihre Freundin Babby. Die ist mittlerweile mit Karl Hezner liiert. Der ausgesprochen gut aussehende Seilermeister betreibt in Leutershausen auch ein Kolonialwarengeschäft für Lebensmittel, Farben und Salze. Später bringt er es zum Prüfungsmeister der Seilerinnung, spielt auch eine wichtige Rolle bei der Freiwilligen Feuerwehr und ist während des Zweiten Weltkrieges bei der Brandbekämpfung in Nürnberg und Rothenburg im Einsatz.

Da die beiden etwas älter sind als Paula, macht ihr Vater eine Ausnahme und gestattet ihr bisweilen einen gemeinsamen abendlichen Ausgang. Und wenn Falk Stern den nicht erlaubt, ziehen die beiden Freunde Paula über die Gartenmauer und gehen mit ihr zum Tanz. Unentdeckt bleiben die Aktionen nicht. Paulas Stiefmutter bekommt sie wohl mit, sagt aber nichts: Der verwitwete Vater hat die 1877 geborene Fanny Walter aus Sugenheim im April 1918, also noch vor Kriegsende, in Ansbach geheiratet. Das Verhältnis Paulas zu ihrer Stiefmutter ist gut.

Tagsüber unternehmen Paula und ihre beiden Freunde lange Spaziergänge, manchmal Ausflüge nach Dinkelsbühl oder Rothenburg ob der Tauber. Die jungen Frauen spielen außerdem Theater oder sticken und nähen unter Anleitung einer Handarbeitslehrerin gemeinsam an ihrer Aussteuer. Die sportliche Paula ist Mitglied im Turnverein und Mitbegründerin seiner Damenriege, und natürlich liest sie nach wie vor mit Begeisterung. Um allerdings an die Bücher zu kommen, muss sie in die nächstgelegene Stadt fahren, denn in Leutershausen gibt es nicht einmal eine Bibliothek.

Immerhin helfen ihr die Bücher, den engen Horizont der Stadtmauern hinter sich zu lassen, wenn auch vorerst nur in der Fantasie. Weil aber die Stiefmutter bald ganz selbstverständlich den Haushalt ihres frisch angetrauten Mannes übernimmt, eröffnet sich für Paula bald die Möglichkeit, auf Reisen zu gehen und sich neue Horizonte zu erschließen. Anfang der zwanziger Jahre geht sie als Au-pair-Mädchen zu einer jüdischen Familie ins norddeutsche Halberstadt. Dort kümmert sie sich um die vier Kinder. Die Familie des Fabrikbesitzers nimmt sie mit offenen Armen auf. Die Herrschaften sind wohlhabend, und Paula fühlt sich wie zu Hause.

Zurück in ihrer fränkischen Heimat, schließt die junge Frau in Fürth ihre Schulausbildung ab. Als sie danach von einem ihrer ehemaligen Lehrer eingeladen wird, lernt sie die Liebe ihres Lebens kennen. Paula ist gerade einmal zwanzig, mithin vierzehn Jahre jünger als ihr künftiger Gatte, und eine ausgesprochen attraktive Partie. Ihr Temperament und ihre Lebensfreude, aber auch ihre beachtliche Bildung und ihre geistige Beweglichkeit ziehen den Mittdreißiger an. Die zierliche Figur und das ebenmäßige Gesicht mit den großen strahlend blauen Augen, den feingezogenen Lippen und dem dunklen, in der Regel nach

Gemeinsamer Weg: Louis Kissinger und Paula Stern, Dezember 1921.

Paula Stern
Louis Kissinger

danken herzlichst für die ihnen anläßlich ihrer Verlobung erwiesene Aufmerksamkeit.

Leutershausen   Dezember 1921
    Fürth

hinten gekämmten Haar tun ein übriges, um den Bräutigam in ihren Bann zu schlagen. Am 28. Juli 1922 geben sich Paula Stern und Louis Kissinger das Ja-Wort.

Ein halbes Jahrhundert später, als sie in der Schweiz ihre Goldene Hochzeit feiern, erinnert Louis seine Familie daran, dass es allgemein als riskant gelte, die einzige Tochter zu heiraten, als noch riskanter aber, das einzige Kind zu ehelichen. Und seine Frau sei eben beides – einzige Tochter und einziges Kind. Dennoch habe er 50 Jahre zuvor eine „kluge und glückliche" Entscheidung getroffen: „Paula war stets eine verständige, intelligente und bescheidene Frau, und wenn ich die Uhr zurückdrehen könnte, würde ich Paula wieder heiraten".

Louis ist damals noch Hauptlehrer, sein Einkommen relativ gering. Da er erst seit 1919 fest bei der Stadt Fürth angestellt ist, hat er kaum Ersparnisse, und die werden dann auch noch von der Inflation aufgefressen, die seit Jahresende 1922 ungeahnte Dimensionen annimmt. Im Laufe des folgenden Jahres steht die deutsche Wirtschaft vor dem Zusammenbruch; die Arbeitslosigkeit nimmt dramatisch zu; der Dollarkurs steigt von knapp 18 000 Reichsmark im Januar auf 4,2 Billionen im November 1923 und signalisiert den tristen Zustand von Wirtschaft und Finanzen in Deutschland. Noch bei ihrer Goldenen Hochzeit erinnert sich Louis an die „furchtbare Inflation", die alles Erworbene und Ersparte vernichtet habe.

Eigentlich keine guten Zeiten, um den Bund fürs Leben einzugehen und eine Familie zu gründen. Andererseits lernen die jungen Eheleute, lernt vor allem die praktisch veranlagte, energische Paula, was Krisen sind und wie man in solchen Zeiten überlebt. Die beiden ziehen zunächst in eine kleine Balkonwohnung in der Mathildenstraße 23. Die Möblierung ist bescheiden. Seit 1924 bessert sich die Lage. Einmal hat die Einführung der Rentenmark zum 15. November 1923 tatsächlich in Deutschland zu einer allgemeinen wirtschaftlichen Erholung geführt,

zudem wird Louis Kissinger am 1. September 1924 zum Oberlehrer befördert. Jetzt können die beiden sich etwas leisten und
ziehen im Januar 1925 in eine geräumigere Wohnung in der
Marienstraße 5.

Allerdings sind Paula und Louis Kissinger nicht mehr allein.
Am 28. Mai 1923 zeigen sie in der *Nordbayerischen Zeitung* die
„glückliche Geburt eines Jungen" an: Tags zuvor, am 27. Mai
1923, um halb Sechs in der Früh, hat Heinz Alfred das Licht der
Welt erblickt. Dass der Knabe die Geschicke dieser Welt einmal
als Außenminister des dann mächtigsten Staates der Erde mit-
bestimmen wird, steht damals noch in den Sternen.

Der erste Sohn der Kissingers wird noch in der Mathildenstraße 23 und mit Hilfe einer Hebamme geboren. Es ist ein trüber
Maitag, viel zu kalt für die Jahreszeit. Heinz ist ein gesunder,
stämmiger Junge. Ein Nachbarmädchen, das den Knaben ab und
an beaufsichtigt, erinnert sich im hohen Alter: „Ein ganz dicker
Teufel mit vielen Haaren." Immerhin schreit er wenig. Der stol-
ze Vater ruft gleich die befreundete Familie Rothschild an, um
ihr die freudige Mitteilung zu machen und sie zum Fest der Be-
schneidung einzuladen.

Denn die Eltern von Heinz sind tief religiös. Daran ändert sich
zeitlebens nichts. Sie wohnen in jenem Viertel Fürths, das von
den orthodoxen Juden der Stadt bevölkert wird, und die wiederum stellen damals ein gutes Drittel der mehr als 3 000 Fürther
Juden. Vor allem für Louis, der gleich nach seiner Ankunft in
Fürth der orthodoxen Gemeinde beigetreten ist, bleibt die religiöse Erziehung seiner Kinder ein Herzensanliegen. Das gilt nicht
nur für Heinz, sondern auch für seinen zweiten Sohn Walter
Bernhard, der ein gutes Jahr später, am 21. Juni 1924, geboren
wird.

Die beiden freudigen Ereignisse im Leben ihres Lehrers ent-
gehen natürlich auch seinen Schülern nicht. Bis Heinz zur Welt

kommt, hat die Klasse Geld gesammelt, um ihrem „Kissus" aus Anlass der Geburt seines Stammhalters ein Geschenk machen zu können. Weil aber die Inflation inzwischen galoppiert, ist das Geld wertlos, bevor die Schüler ihrem Lehrer ein Präsent kaufen können. Gretlies Stäudtner ist darüber sehr unglücklich, zu Hause fließen die Tränen. Zum Glück weiß die Mutter Abhilfe: Sie habe doch noch einige Babyjäckchen. Diese seien zwar für Mädchen gedacht und daher mit rosa Schleifen versehen, aber da lasse sich rasch ein blaues einfädeln. So bekommt Louis Kissinger zur Geburt seines Sohnes doch noch ein Geschenk seiner Klasse. Und als Walter ein Jahr später auf die Welt kommt, gibt es auch für ihn ein Jäckchen.

Natürlich rechnet der Lehrer, zumal in diesen Zeiten, nicht mit einem Geschenk seiner Schüler. Die legen ihm die Überraschung aufs Pult, und als er das Päckchen öffnet, steigt ihm vor Rührung die Röte ins Gesicht. Sein Leben lang vergisst Louis Kissinger diese Geste nicht: Als er vier Jahrzehnte später, anlässlich der Verleihung der Goldenen Bürgermedaille an seinen ältesten Sohn, in die Heimatstadt zurückkehrt, sorgt Louis Kissinger dafür, dass auch Gretlies Heyne, geborene Stäudtner, eine Einladung zum Festakt erhält, und die wiederum hebt diese Erinnerung bis zu ihrem Lebensende auf.

Heinz und Walter wachsen in einer typisch bürgerlichen Welt auf. Beide haben Klavierunterricht. Theaterbesuche gehören schon früh zum Pflichtprogramm. Dass die Söhne gerne ins Stadttheater gehen, kann man nicht sagen. Als er in eben diesem Theater besagte Ehrenmedaille der Stadt erhält, erinnert sich Henry, dass er lieber ein Spiel des lokalen Fußballvereins als eine Aufführung des „Fidelio" besucht hätte. Aber der Vater, ein „glühender Musikliebhaber" und Freund der Oper, wie ihn Henry dann beschreibt, besteht auf der Kultur.

Die Familie hat ein Dienstmädchen, das praktisch zur Familie gehört und in der Regel mit am Tisch sitzt. Nach dem Essen

Ohne Sorgen: Henry (links) und Walter, Mitte der zwanziger Jahre.

kontrolliert der Vater die Hausaufgaben der Söhne, die im übrigen schon im Kindergarten als forsch und in der Schule als Lausbuben gelten. Auf den ersten Blick sehen sich die beiden ziemlich ähnlich. Natürlich ist Heinz einen Kopf größer als Walter, aber beide haben das schmale Gesicht mit den lockig gewellten blonden Haaren, der charakteristischen Ohrenpartie und vor allem den schon damals eindringlichen Augen.

Bei näherem Hinsehen erkennt man aber doch einen Unterschied, der im Laufe der Jahre und Jahrzehnte immer auffälliger wird: Walter ähnelt der Mutter, Heinz geht nach dem Vater. Es gibt ein Foto von Louis Kissinger, wohl aus den dreißiger Jahren, das seinen Sohn als Außenminister zeigen könnte: Das Gesicht des inzwischen zwangspensionierten Lehrers ist ein wenig runder geworden, zeigt den ersten Ansatz eines Doppelkinns, die Augenbrauen ziehen sich zur Stirnmitte hin zusammen, und die geschlossenen Lippen deuten ein Lächeln an, das irgendwo zwischen Ironie und gelangweilter Überlegenheit angesiedelt ist.

Manches von dem findet sich schon in den Gesichtszügen des dreizehn- oder vierzehnjährigen Sohnes. Heinz respektiert seinen Vater sehr, geht gerne mit ihm im Stadtpark spazieren, holt ihn auch oft vom Unterricht ab. Dass der Vater an einer Mädchenschule unterrichtet, spielt dabei keine Rolle. Ein Junge seines Alters, sagt er später, wirft damals noch kein Auge auf das andere Geschlecht. Auf diesen Spaziergängen hat Heinz den Vater für sich. Das ist die Ausnahme. Zuhause hält sich der disziplinierte, eher distanzierte, stets fleißige Mann zumeist in seinem Arbeitszimmer auf, und dann und dort haben die Söhne keinen Zugang.

Heinz ist insgesamt nur ein mittelmäßiger Schüler. Wohl beteiligt er sich rege am Unterricht, ist aber wie auch sein Bruder an der Realschule unterfordert und neigt zu Späßen. Schon damals macht sich sein Sinn für Humor bemerkbar. Im Englischen

Aus dem Gesicht geschnitten: Rechts im Bild nicht etwa Henry Kissinger, sondern sein Vater Louis mit David Kissinger, dem Vater von Louis und Großvater von Henry Kissinger.

bringt er es gerade mal auf ein „genügend". Das ändert sich dann. Vom unverwechselbaren Akzent abgesehen, spricht der Harvard-Professor und Außenminister der USA ein beeindruckendes Englisch. In seinem Lieblingsfach Geschichte ist er schon als Pennäler ein glatter Einser. Die Historie hat es dem Jungen früh angetan.

Die beiden Brüder lesen viel, schon weil es damals noch kein Fernsehen gibt, und einen Radioempfänger besitzen die Kissingers nicht, lediglich ein Grammophon. Walter begeistert sich für die populären Romane Karl Mays, namentlich die über den fernen Wilden Westen Amerikas. Heinz gilt unter seinen Freunden als Bücherwurm und wird selten ohne Buch unter dem Arm gesichtet. Wie er an seinem Lebensabend sagt, liest er Goethe – ohne ihn damals „völlig zu verstehen" – und „mit größtem Enthusiasmus" Schiller, außerdem Dostojewski, besonders gerne aber Gedichte, historische Romane und Geschichtsbücher.

Sehr gute Noten erhalten die beiden in Religion. Kein Wunder, denn ihre religiöse Erziehung ist dem Vater Verpflichtung und Herzensangelegenheit gleichermaßen. Schon nach ihren dritten Geburtstagen nimmt er Heinz und Walter regelmäßig mit in die Synagoge. Jüdische Fest- und Feiertage werden ernst genommen, und selbstverständlich hält man zu Hause auch die koscheren Speiseregeln ein. Außerdem sind die beiden Brüder Mitglieder im orthodox-jüdischen Jugendbund Esra. Hier kommt man zusammen, um gemeinsam zu singen, Ausflüge zu unternehmen, aber auch um über religiöse Themen zu debattieren.

Allerdings ist das soziale Leben der Kissingers nicht auf das jüdische Umfeld beschränkt, ganz im Gegenteil: Die Familie ist voll und ganz in das städtische Leben integriert. Vater Louis ist zum Beispiel Mitglied im Verein „Treu Fürth", der es sich zum Ziel gesetzt hat, die Übernahmeversuche der Stadt durch Nürnberg abzuwehren; und die Buben haben einen großen Freundeskreis. Mit ihm unternehmen sie Ausflüge zur Alten Veste oder nach Dambach, gehen zur jährlichen Michaelis-Kirchweih und fahren dort mit dem „Russischen Rad", einem Riesenrad, auf dem es aber Heinz meist übel wird.

Und natürlich treibt man gemeinsam Sport. Heinz und Walter sind begeisterte Sportler, vor allem Walter, der schon als Kind für jede Sportart zu haben ist und auch in Fürth an allen sportlichen Ereignissen teilnimmt – je waghalsiger umso besser. Wenn man den Achtzigjährigen auf dem Rücken seiner Pferde oder am Lenker seines Motorrades sieht, weiß man, dass sich daran wenig geändert hat. Heinz hingegen entdeckt schon früh seine Leidenschaft für den Fußball. Seine favorisierten Positionen sind das Tor und das Mittelfeld. Das Schulzeugnis bescheinigt ihm im Fach Turnen zwar nur ein „Genügend", doch erinnern sich Klassenkameraden, dass Heinz „von Kind auf mit jeder Blechbüchse Fußball gespielt" habe – „mitten auf der Pfisterstraße und in der Theaterstraße".

Heinz – so seine früheren Kameraden – war körperlich nicht sehr stark, aber „ziemlich schnell". In Fürth spielt er zunächst im jüdischen Sportclub, dann schafft er es sogar in die Schülermannschaft der Spielvereinigung Fürth, der er zeitlebens als treuer Fan erhalten bleibt. Auch wenn es dafür, wie er sagt, keinen „rationalen Grund" gibt, verfolgt Henry Kissinger die Spielergebnisse der deutschen Ligen bis ins hohe Alter hinein genau, immer in der Hoffnung, dass seine Spielvereinigung es doch noch einmal in die erste Bundesliga schafft.

Viele Jahre hält ihn der deutsche Botschafter in Washington über die Ergebnisse auf dem Laufenden; später besorgt das ein Redakteur des *Spiegel*. Berndt von Staden, besagter Botschafter, erinnert sich lebhaft an einen Auftritt des Außenministers Henry Kissinger vor 300 Korrespondenten in Washingtons Nationalem Presseklub: „Plötzlich sieht er mich und ruft über den Saal: ‚Da sitzt der deutsche Botschafter. Ich dachte, wir hätten gute Beziehungen, aber offensichtlich sind die gar nicht so gut, denn ich bekomme die deutschen Fußballergebnisse nicht mehr.' Mir war das nicht so angenehm, denn die Leute guckten natürlich. Als ich dann später meinem Pressereferenten, der dafür zuständig war, bittere Vorwürfe machte, sagte der: „Ja wissen Sie denn nicht, dass die Liga im Januar nicht spielt?'"

Paula und Louis haben eine Reihe von Freunden, mit denen sie sich regelmäßig treffen. Das Leben in der Marienstraße 5 ist überhaupt sehr gesellig. Wenn die Erwachsenen im „Havdalah-Kränzchen" zusammenkommen, wird auch schon mal Theater gespielt – nichts „von großer literarischer Bedeutung", wie Henry sich noch in hohem Alter erinnert, aber doch gut genug für gediegene Unterhaltung. Wenn die „Kränzchensleut", wie sie sich nennen, außerhalb der Theatertreffen miteinander korrespondieren, tun sie das häufig in Form selbstverfasster Gedichte. Kein Wunder, dass die Verbindung auch dann hält, wenn der eine oder andere die Stadt verlässt: Zum „Kränzchen"-Treffen kommen sie gerne zurück.

Zu dem Kreis von engen Freunden der Kissingers gehören nach wie vor Paulas Jugendfreunde aus Leutershausen. Vor allem Babby und Karl Hezner zählen längst auch für Louis zu den engsten Freunden. Während der Sommerzeit sieht man sich häufig, denn die Familie verbringt die Ferien stets auf dem Anwesen von Paulas Vater in Leutershausen. Heinz und Walter lieben das, vor allem wenn die Eltern auf Reisen sind. Louis und Paula Kissinger fahren nämlich mehr oder weniger regelmäßig nach Marienbad, manchmal auch in die Schweiz, nie übrigens „über den Main", also in die Norden Deutschlands oder an die See, wie Henry berichtet.

Dann dürfen die beiden allein bei den Großeltern bleiben, und natürlich werden die Enkelkinder von ihrem Großvater und seiner Frau Fanny nach Strich und Faden verwöhnt. Ähnlich halten es später Henry und Walter mit ihren Enkeln. Ab und an

Herausgeputzt: Henry Kissinger und sein Bruder Walter (1. Reihe vorne, zweiter und dritter von links) im Matrosenanzug beim 70. Geburtstag ihres Großvaters David Kissinger in Ermershausen. Mit auf dem Bild in der zweiten Reihe, zweite von links: Paula Kissinger. Rechts daneben: Louis Kissinger und neben ihm sein Vater David Kissinger, das Geburtstagskind. Letzte Reihe, dritter von hinten: Falk Stern aus Leutershausen, der Vater von Paula Kissinger.

besucht man auch die Großeltern väterlicherseits in Ermershausen – zum 70. Geburtstag von David Kissinger sogar im schicken Matrosenanzug. Der Kontakt zur dortigen Dorfjugend ist nicht besonders eng, weil die Besuche eher selten sind. Aber für eine Runde Fußball reichen sie allemal.

Ihre Sommerferien verbringen Heinz und Walter in Leutershausen, schon weil sie dort gute Freunde haben. In den beiden Töchtern der Hezners, Erika und Lore, finden sie Spielkameradinnen, die zu allen Unternehmungen bereit sind, und Großvaters großer Garten eignet sich hervorragend für Spiele und Experimente. Außerdem gibt es dort alle möglichen Tiere. Welches Kind würde nicht gerne einmal einem Huhn hinterherlaufen oder eine Katze fangen? Und dann hat Leutershausen noch eine besondere Attraktion – das Flussbad in der Altmühl.

So bilden die Sommer in Leutershausen für die Brüder ohne Zweifel den Höhepunkt des Jahres. Es ist schon ein Erlebnis, wenn der Großvater sie mit der Pferdekutsche am Zug abholt. Besonders aufregend wird es, wenn Heinz und Walter einmal allein mit ihren neuen Vollballonrädern von Leutershausen nach Fürth radeln dürfen. Gut möglich, dass der Aufbruch im Bild festgehalten ist: In der Mitte die kleine, zierliche Mutter, die ihre Arme um die Söhne gelegt hat, links von ihr Heinz, den sie gerade anschaut, zu ihrer Rechten Walter, der seinerseits den Arm um die Hüfte der Mutter legt. Die Jungs im offenen Hemd, knielangen Hosen und wollenen Kniestrümpfen, die Fahrräder dekoriert mit frischen Blumen. Eine Sommeridylle, wie man sie aus der bürgerlichen Welt jener Jahre kennt.

Keine Frage, Heinz und Walter Kissinger führen das unbeschwerte Leben zweier behütet aufwachsender Buben – in einer intakten, respektierten Familie und mit einem großen Freundeskreis. Als damit über Nacht Schluss ist, als sich, von den Hezners abgesehen, nach und nach praktisch alle näheren und ferneren Bekannten der Eltern von diesen abwenden, als auch

Heinz und Walter isoliert werden, als sie nicht einmal mehr in das Freibad von Leutershausen dürfen, bricht für sie eine Welt zusammen. „Das Schlimmste war", sagt Henry im Rückblick, „dass wir von den deutschen Freunden getrennt wurden." Diese Zäsur im Leben der Familie Kissinger hat einen Namen: Hitler.

Am 30. Januar 1933 wird Adolf Hitler durch den Reichspräsidenten Paul von Hindenburg zum Reichskanzler ernannt. Das ist ein legaler Vorgang, so wie ihn die Verfassung des Deutschen Reiches vorsieht. Und die Ernennung Hitlers ist auch naheliegend, weil er an der Spitze der mit Abstand stärksten Partei im Reichstag steht: Die Nationalsozialistische Deutsche Arbeiterpartei, Hitlers Partei, hat in der Politik lange keine nennenswerte Rolle gespielt, hatte sich bis 1924 an keiner einzigen Wahl beteiligt, war dann einige Zeit verboten und trat unter anderem Namen auf.

In den zwanziger Jahren, also in der relativ stabilen Phase der Weimarer Republik, dümpelt sie mit wenigen Prozentpunkten und einigen Reichstagsmandaten vor sich hin, bis ihr Mitte September 1930 der Durchbruch gelingt: Mit gut 18 Prozent der Stimmen und 107 Sitzen wird sie über Nacht zur zweitstärksten Fraktion im deutschen Parlament, hinter den Sozialdemokraten. Und damit hat die NSDAP noch lange nicht den Zenit ihres kometenhaften Aufstiegs erreicht. Ende Juli 1932 fahren die Nationalsozialisten gut 37 Prozent der Stimmen ein, bekommen 230 Sitze im Reichstag und lassen so alle anderen Parteien, die SPD eingeschlossen, weit hinter sich.

Wie erklärt sich dieser phänomenale Erfolg? Einmal durch die Umstände. Die Weltwirtschaftskrise, die nach dem Zusammenbruch der Kurse an der New Yorker Börse auch Europa, auch Deutschland, heimsucht, hat verheerende Folgen. 1932 liegt das deutsche Volkseinkommen beinahe um 40 Prozent unter dem Niveau von 1929, und die Arbeitslosigkeit erreicht zu Jahresbeginn

Sonntagsausflug: Louis und Paula Kissinger mit ihren Kindern Henry (links) und Walter, Mitte der dreißiger Jahre.

1933 unglaubliche Dimensionen: Mehr als sechs Millionen sind in Deutschland ohne Arbeit. Das ist die Stunde der NSDAP. Sie hat eine Antwort auf alles, denn sie hat ein Programm, und sie hat einen „Führer", der für dessen Umsetzung steht.

Wer ist er? Wer ist der Mann, der schließlich über das Schicksal ganzer Völker entscheiden wird, der dafür sorgt, dass Millionen Menschen vertrieben und vernichtet werden, und dessen Politik auch dafür verantwortlich ist, dass die Lebenswege von Heinz und Walter Kissinger eine neue Richtung nehmen? Denn dass der eine wie der andere ohne Hitler wohl kaum eine große Karriere in Amerika gemacht hätte, ist anzunehmen. Ob Heinz, wie er später einmal kokettierend bemerkt, sein Leben als Studienrat in Nürnberg verbracht oder ob er es, wie jemand bei einem Essen mit Helmut Kohl darauf entgegnet, gar zum Studienrat in München gebracht hätte, sei dahingestellt.

Adolf Hitlers Karriere als Parteiführer, Reichskanzler, Reichspräsident und Oberbefehlshaber der Wehrmacht und des Heeres war nicht vorgezeichnet, ganz im Gegenteil: Die frühe Biographie des im April 1889 im österreichischen Braunau am Inn Geborenen trägt alle Züge des Scheiterns. Ohne höheren Schulabschluss, wiederholt von der Kunstakademie in Wien abgewiesen, seit 1908 in den Obdachlosenasylen und Männerwohnheimen der Stadt zuhause, meldet er sich nach Kriegsausbruch 1914 in Bayern als Freiwilliger. Im Großen Krieg bringt er es zum Gefreiten und Träger des Eisernen Kreuzes, wird schließlich wenige Wochen vor Unterzeichnung des Waffenstillstandes bei einem Giftgasangriff verwundet.

Nach der Rekonvaleszenz versucht sich Hitler in der Politik, tritt in die Deutsche Arbeiterpartei ein, die sich unter seiner maßgeblichen Mitwirkung seit Februar 1920 programmatisch neu positioniert und in „Nationalsozialistische Deutsche Arbeiterpartei" umbenennt. Seit Ende Juli 1921 „Führer" der NSDAP, zählt Hitler zu den Initiatoren des gescheiterten Münchener

Putsches vom 8. und 9. November 1923. Die Festungshaft in Landsberg am Lech ist nur von kurzer Dauer. Ende Februar 1925, zwei Monate nach seiner Entlassung, wird die NSDAP neu gegründet und von ihrem alten und neuen Vorsitzenden nach einer Periode der Stagnation schließlich zur Regierungsverantwortung in Deutschland geführt.

Eigentlich hat die Partei, als Hitler mit Mitte vierzig die Macht in Deutschland übernimmt, den Höhepunkt ihrer Popularität überschritten. Am Horizont sind erste Anzeichen für eine Aufhellung der Konjunktur zu sehen, und bei den Wahlen im November 1932 verlieren die Nazis rund vier Prozent der Stimmen und mehr als dreißig Sitze im Reichstag. Aber eine einflussreiche Gruppe um den intriganten Altkanzler Franz von Papen glaubt, Hitler und die NSDAP für ihre Zwecke einspannen zu können und ebnet ihnen den Weg zur Macht. Einmal dort angelangt, sind Hitler alle Mittel recht, wenn es um ihre Sicherung und ihren Ausbau geht.

Dass ihm diese gelingen, liegt an seinen tatsächlichen und vermeintlichen Erfolgen: Der Mann scheint das Land innen- und außenpolitisch wieder auf Vordermann zu bringen. So jedenfalls stellt es sich für die meisten Beobachter dar, vor allem, aber keineswegs nur in Deutschland. Entsprechend groß ist die Zahl seiner Helfer – im In- und im Ausland. Viele halten ihm persönlich die Erfolge beispielsweise in der Wirtschafts- und Sozialpolitik zugute, allen voran die Beseitigung der Arbeitslosigkeit. Anderen kommt die Stoßrichtung beispielsweise seiner Außenpolitik sehr gelegen. Die allermeisten unterschätzen ihn. Und viele, unter ihnen die deutschen Juden, glauben oder hoffen doch, dass es schon nicht so schlimm kommen werde.

Dass er unterschätzt wird, liegt an der Ungeheuerlichkeit seiner Pläne, an die viele auch dann noch nicht glauben wollen, als sie in das Stadium der Realisierung getreten sind. Es liegt aber auch daran, dass sich Hitler im Umfeld der Machtübernahme in dieser Hinsicht öffentlich bedeckt gehalten, mitunter sogar zurückgenommen hat. Hinter den Kulissen lässt der neue Reichskanzler allerdings keinen Zweifel, wohin die Reise gehen wird.

Eigentlich hätten die deutschen Juden wissen können, was ihnen bevorsteht, gilt doch nach wie vor, was bereits seit 1922 im 25-Punkte-Programm der Nazis nachzulesen ist. Danach kann „Staatsbürger ... nur sein, wer Volksgenosse ist. Volksgenosse kann nur sein, wer deutschen Blutes ist, ohne Rücksicht auf Konfession. Kein Jude kann daher Volksgenosse sein". Für Missverständnisse ist da kein Raum. Wohl aber für die Hoffnung, dass es schon nicht so schlimm kommen werde.

Aber es kommt schlimm, wenn auch nicht auf einen Schlag. Kaum sind die Nationalsozialisten an der Macht, wird am 1. April 1933 ein reichsweiter Boykott gegen jüdische Geschäfte in Szene gesetzt. Wohl wird die Aktion nach einigen Tagen ausgesetzt, weil sich die Öffentlichkeit erstaunlich reserviert verhält und einige ausländische Regierungen intervenieren. Noch haben die neuen Machthaber ihre Stellung nicht gefestigt, im Innern nicht, und international schon gar nicht.

Also sehen sie vorerst von spektakulären Aktionen ab und verlegen sich auf administrative Maßnahmen. Mit dem „Gesetz zur Wiederherstellung des Berufsbeamtentums" beginnt am 7. April 1933 die Verfolgung und Unterdrückung der deutschen Juden auf dem Verwaltungsweg – auch für Louis Kissinger. Zu den Maßnahmen der kommenden Wochen und Monate zählen zum Beispiel seit Ende April 1933 die faktische Schließung öffentlicher Bildungseinrichtungen für jüdische Schüler und Studenten, darunter Heinz und Walter Kissinger, oder seit Ende Juli 1935 der Ausschluss von Juden aus der Wehrmacht, wie die Reichswehr heißt, seit sie seit Anfang August 1934 auf den „Führer und Reichskanzler Adolf Hitler" als „Oberstem Befehlshaber" vereidigt wird. Eine neue Qualität erreicht die

Diskriminierung der Juden mit den sogenannten Nürnberger Gesetzen, die Mitte September 1935 auf dem Reichsparteitag der NSDAP verkündet werden.

Diese Reichsparteitage gehören zu den wichtigsten Inszenierungen der Nazis. Nach ersten Versammlungen dieser Art, die Hitler zwischen 1923 und 1929 in München, Weimar und eben auch Nürnberg abgehalten hat, wird die fränkische Metropole nach der Machtübernahme zur „Stadt der Reichsparteitage" gekürt. Dafür mobilisieren die Nazis historische Gründe, vor allem die von ihnen bemühten Reichstage des Heiligen Römischen Reiches Deutscher Nation. Dafür spricht aber auch ein für die Machthaber besonders günstiges Umfeld: Die Region Nürnberg zählt seit Jahren zu den sicheren Hochburgen der Partei, und diese ist vor Ort durch Gauleiter Julius Streicher, der unter anderem das antisemitische Hetzblatt *Der Stürmer* herausgibt, straff organisiert.

So steht Nürnberg von 1933 bis 1938 alljährlich für zunächst sieben, zuletzt acht Tage im Zentrum der nationalsozialistischen Bewegung. Die Vorbereitungen für den nächsten, den siebten Parteitag sind weitgehend abgeschlossen, als im Herbst 1939 mit dem deutschen Überfall auf Polen der Krieg beginnt und mit ihm die Ära der Parteitage endet. Bis dahin nehmen Jahr für Jahr bis zu einer Million Menschen beobachtend, marschierend, paradierend oder auch Gymnastik treibend an den Aufmärschen und Appellen teil, die ganz auf den „Führer" Adolf Hitler ausgerichtet sind. Unter Federführung seiner Lieblingsarchitekten, allen voran Albert Speer, wird für das grandiose Spektakel eine Kulisse geplant und in Teilen auch gebaut, deren Dimensionen ihresgleichen suchen. Mit seinen elf Quadratkilometern ist das Areal deutlich größer als die Nürnberger Altstadt. Hitlers favorisierte Regisseurin Leni Riefenstahl hat das Spektakel in zwei monumentalen Dokumentarfilmen festgehalten und zugleich ästhetisch überhöht.

Für die Organisatoren bedeuten die Parteitage eine gewaltige logistische Herausforderung. Hunderttausende sind aus allen Enden und Ecken des Reiches in den Raum Nürnberg zu transportieren, unterzubringen und zu versorgen. Kein Wunder, dass auch die Nachbargemeinden in die Abwicklung des Großereignisses einbezogen werden. Auch Fürth. Bis zu 70 000 Besucher, von denen die allermeisten in mehr als 50 Sonderzügen herbeigeschafft werden, fallen 1934 in die nationalsozialistisch beflaggte Stadt ein und werden in zwei riesigen Zeltlagern am Stadtrand untergebracht. In den kommenden Jahren sind es nicht ganz so viele. Dafür stattet Hermann Göring, preußischer Ministerpräsident und Oberbefehlshaber der Luftwaffe, Fürth zweimal einen Besuch ab, und auch Hitler zeigt sich gelegentlich in der Stadt, wenn auch nicht während der Reichsparteitage, so doch zum Beispiel im Februar 1935 anlässlich eines Theaterbesuchs.

Die jüdischen Bewohner Fürths suchen ihre Stadt in diesen Tagen möglichst zu meiden. Auch Heinz und Walter Kissinger, die in der Regel bei den Großeltern in Leutershausen sind. Nur einmal erleben sie den Großauftritt der Nazis mit, als sie wegen des Ferienendes frühzeitig mit dem Zug über Nürnberg nach Hause kommen. Die Situation, erinnert sich Walter an seinem Lebensabend, habe etwas „sehr Unheilvolles" gehabt, ohne dass er als damals Elf- oder Zwölfjähriger habe sagen können, warum er das so empfand.

Die Reichsparteitage stehen jeweils unter einem anderen Motto. Der des Jahres 1935 wird als „Parteitag der Freiheit" zelebriert. Der Reichstag, in dem längst nur noch Nationalsozialisten sitzen, ist eigens nach Nürnberg einberufen worden, um hier am 15. September die sogenannten Nürnberger Gesetze zu verabschieden. Das eine, das „Reichsbürgergesetz", nimmt den Juden staatsbürgerliche Rechte, darunter das Wahlrecht; das andere, das „Gesetz zum Schutz des deutschen Blutes und der

Im Sog des Spektakels: Hitlers Reichsparteitage im benachbarten Nürnberg werden auch für Fürth zum Großereignis. Hier der „Parteitag des Sieges", Sommer 1933.

deutschen Ehre", verbietet Juden unter anderem Eheschließungen und „außerehelichen Verkehr" mit „Staatsangehörigen deutschen oder artverwandten Blutes", aber auch das „Hissen der Reichs- und Nationalflagge".

Im Rückblick ist man überrascht, dass die deutschen Juden nicht spätestens diese Gesetze als Fanal begriffen und das Land in Scharen verlassen haben. Das Gegenteil ist der Fall: 1935 kehren sogar noch weniger von ihnen Deutschland den Rücken als ein Jahr zuvor, gerade einmal 21 000. Die meisten sehen eben hier nach wie vor ihre angestammte Heimat. Und wer kehrt seiner Heimat schon ohne Not den Rücken, und das auf nicht absehbare Zeit? Hinzu kommt, dass die Ausreise nicht umsonst zu haben ist. Um ausreisen zu können, müssen die Juden den größten Teil ihres Vermögens in Deutschland zurücklassen, und damit sinken ihre Chancen, andernorts Aufnahme zu finden.

Und dann werden die Nürnberger Gesetze von vielen anders gelesen. Hannah Arendt, die jüdische Philosophin, die schon 1933 geht – zunächst nach Paris, 1941 dann nach New York –, hat später einmal darauf hingewiesen, dass die Gesetze lediglich eine Situation legalisierten, „die de facto längst existierte". So entstand bei den Juden „der Eindruck, dass die Nürnberger Gesetze die neue Situation der Juden im Deutschen Reich stabilisierten".

Also bleiben die allermeisten – und müssen mit ansehen, wie sich ihre Lage Monat für Monat verschlechtert. Vor allem werden ihnen nach und nach auch die letzten Erwerbsmöglichkeiten genommen. Als dann seit Oktober 1938 die Reisepässe von Juden mit einem roten „J" versehen, im Juni 1938 allein in Berlin 1 500 Juden festgenommen und in Konzentrationslager deportiert werden und am 9. Juni die Münchener, am 10. August 1938 dann auch die Nürnberger Hauptsynagoge niedergerissen wird, zeichnet sich eine neuerliche Radikalisierung und Brutalisierung ab.

In der Nacht vom 9. auf den 10. November ist es dann so weit. Auslöser für die sogenannte Reichskristallnacht ist ein Mord: Am

7. November erschießt Hershel Grynspan in Paris einen deutschen Diplomaten. Grynspans Eltern sind wie 17 000 weitere Juden polnischer Staatsangehörigkeit Ende Oktober aus dem Deutschen Reich ausgewiesen worden, werden von Polen nicht aufgenommen und irren seither unter unwürdigen Bedingungen im Niemandsland umher. Für die Nationalsozialisten ist der Mord von Paris der Vorwand, den sie brauchen: Überall in Deutschland brennen die Synagogen. Die Geschäfte der Juden werden demoliert und geplündert, ihre Wohnungen gestürmt, ihre Friedhöfe geschändet. Mehr als 90 Juden verlieren ihr Leben, 30 000 werden verhaftet und in Konzentrationslager gebracht.

Jetzt, als es zu spät ist, wird endgültig klar: Die Juden haben in Deutschland keine Zukunft mehr. Von den mehr als 550 000, die bei der Machtübernahme der Nationalsozialisten hier leben, hat bis dahin ein knappes Drittel, das sind etwa 180 000, das Land verlassen. Unter ihnen, sozusagen in letzter Minute, die Kissingers: Am 10. August 1938, dem Tag, an dem die Nürnberger Synagoge zerstört wird, haben sie sich polizeilich aus Fürth abgemeldet.

Damit haben sie, hat vor allem Paula Kissinger die Konsequenz aus einer seit Jahren unhaltbaren Situation gezogen. Als Louis Kissinger am 6. April 1933 die Schulzeugnisse für seine Klasse unterzeichnet, ahnt er nicht, dass es die letzten sind: Am folgenden Tag tritt das Gesetz zur „Wiederherstellung des Berufsbeamtentums" in Kraft, und das entzieht auch ihm die Arbeitsgrundlage als Gymnasiallehrer. Am 2. Mai 1933 wird Louis Kissinger zwangsbeurlaubt. Mit Beginn des Schuljahres 1933/34 wird er „durch Entschließung des Bayerischen Staatsministeriums des Innern vom 9. Oktober 1933" in den „dauernden Ruhestand versetzt".

Das ist ein Schlag, von dem sich der Lehrer Louis Kissinger zeitlebens nie ganz erholen wird. Wohl vermag vorerst niemand zu sagen, ob sich die Dinge nicht doch noch einmal zum Besseren wenden werden; die Hoffnung stirbt ja bekanntlich zuletzt. Auch werden ihm die Pensionsbezüge ausbezahlt – übrigens bis zum Lebensende; danach gehen die Zahlungen an seine Witwe. Aber das ist damals ein schwacher Trost. Der Mann ist ja gerade einmal siebenundvierzig. Außerdem folgt dem beruflichen Aus die soziale Ausgrenzung auf dem Fuße. Seine ehemaligen Kollegen gehen auf Distanz – nicht nur solche, die dem Nationalsozialismus über die Parteizugehörigkeit hinaus verbunden sind. Kein Einziger steht wirklich zu ihm.

Niemand weiß, ob und wie Louis Kissinger dieses traumatische Erlebnis ohne seine Frau je bewältigt hätte. Bis ins höchste Alter hinein kommt er darauf zu sprechen. Auch am 14. August 1972, als er mit Paula, den Söhnen und den Enkeln in der Schweiz die Goldene Hochzeit feiert. „Ich werde niemals vergessen", sagt er – zu seiner Frau gewandt und in englischer Sprache, „was sie für mich bedeutete, als ich meine Stellung aufgeben musste, für die ich so hart gearbeitet hatte und in der ich eine so große Zufriedenheit fand. Ihr Verständnis gab mir mein Selbstvertrauen zurück."

Dabei leidet damals auch Paula unter der Situation. Denn nicht nur die Lehrerkollegen gehen auf Distanz, auch die Reihen des Freundes- und Bekanntenkreises lichten sich rasant, und natürlich unterliegt das Leben der Kissingers immer stärkeren Einschränkungen. Das bekommen nicht nur die Eltern, sondern auch Heinz und Walter zu spüren: An den meisten Sportveranstaltungen dürfen sie nicht mehr teilnehmen, und selbst ein Besuch der Heimspiele ihrer Spielvereinigung im Ronhof ist offiziell nicht gestattet. Heinz, manchmal auch Walter gehen gleichwohl gelegentlich hin und ignorieren das Verbot der besorgten Eltern. Sie haben Angst. Die Knaben hingegen plagt noch nicht die Furcht des Alters: „Alles was wir riskierten", sagt Heinz später, „war verprügelt zu werden."

Noch gravierender als die Verbote in Sport und Freizeit sind die Sanktionen im schulischen Bereich, jedenfalls für die Eltern. Wie Louis Kissinger fortan nicht auf einer städtischen Schule unterrichten kann, ist seinen Söhnen der Zutritt zu einer solchen verwehrt, weil die Nationalsozialisten im April 1933 die Zahl der Neuaufnahmen von Juden an öffentlichen Schulen auf 1,5 Prozent kontingentiert haben. Also besuchen Heinz und Walter die jüdische Realschule an der Blumenstraße 31. Offenbar sind sie dort unterfordert und langweilen sich. Gut möglich, dass sich die Eintragungen ins Klassenbuch, die namentlich Heinz als „frech" charakterisieren, auch so erklären.

Zu den bedrückenden Aspekten der neuen Situation gehört, dass die Fürther Hitlerjugend ihr Hauptquartier unweit von Kissingers Wohnung bezogen hat. Zuerst können Heinz und Walter nicht begreifen, warum sie sich nicht einreihen dürfen, wenn die einheitlich gewandeten Jungen singend vorbeiziehen. Das ändert sich bald. Denn wenn sie den in Reih und Glied Marschierenden zu nahe kommen, werden sie verprügelt. Manchmal werden sie auch vor der Schule regelrecht abgefangen, und noch in New York wechseln sie anfänglich automatisch die Straßenseite, wenn sich junge Männer nähern. Die Hoffnung, dass sich langjährige Freunde auf ihre Seite schlagen oder doch jedenfalls nicht gegen sie stellen würden, wird bald enttäuscht.

Eigentlich gibt es nur zwei Ausnahmen. Zwei Mädchen suchen nicht von heute auf morgen das Weite. Lore und Erika, die Töchter von Karl und Babby Hezner, spielen nach wie vor mit den beiden, wenn die Kissingers in Leutershausen sind. Aber natürlich hat sich auch im Heimatstädtchen von Mutter Paula vieles zum Schlechten gewendet. Die Bewohner von Leutershausen, die Adolf Hitler schon im Juli 1932 die Ehrenbürgerwürde verliehen haben, stellen sich rasch auf die neuen Zeiten ein, und das heißt zum Beispiel, dass Heinz und Walter nicht mehr das Flussbad besuchen dürfen. Im hohen Alter auf die Situation in

Leutershausen zurückblickend, spricht Walter von einem „Mikrokosmos", an dem sich studieren lasse, wie schnell eine an sich intakte Gesellschaft von einem Regime vergiftet werden könne.

So entgeht auch den Kindern, die ja bei der Machtübernahme durch die Nazis nicht einmal elf beziehungsweise zehn sind, nicht die zunehmende Gefahr, in der sich die Familie befindet. Immer öfter führen die Eltern mit den Hezners ernste, besorgte Gespräche. Es ist Karl Hezner, der Louis Kissinger schon früh drängt, das Land zu verlassen. Aber der will davon lange nichts wissen, reagiert sogar empört auf den Rat des Freundes: „Wir gehören hierher. Wir haben niemandem etwas getan."

Für Louis Kissinger haben sich jüdischer Glaube und deutsche Staatsangehörigkeit nie ausgeschlossen, im Gegenteil: Dem Centralverein deutscher Staatsbürger jüdischen Glaubens ist er ja eben deswegen beigetreten. Die Gründung eines eigenen, eines jüdischen Staates etwa in Palästina, wie ihn die Zionisten fordern, lehnt er ab – anders als zum Beispiel sein elf Jahre jüngerer Bruder Karl, der dieser Idee einiges abgewinnen kann, seit er anderthalb Jahre lang in einem Konzentrationslager eingesperrt war. Im eindeutigen Bekenntnis zur Integration sieht der Verein, seit er vor der Jahrhundertwende gegründet worden ist, das beste Mittel gegen den Antisemitismus. Seine Mitglieder sind Patrioten. Auch Louis Kissinger.

Wie sein Schwiegervater Falk Stern kämpfte auch sein Bruder Karl im Ersten Weltkrieg für die deutsche Sache und wurde dafür mit dem Eisernen Kreuz ausgezeichnet. Und zwei direkte Vettern von Louis Kissinger, die sich bei Ausbruch des Ersten Weltkrieges in England aufhielten, ließen sich mit einem Kohledampfer ins neutrale Holland schleusen, um sich als Freiwillige bei der deutschen Armee zu melden. Beide kamen im ersten Kriegsjahr ums Leben.

Dieser Einstellung zur Nation ist auch der deutsche Staatsbürger Louis Kissinger sein Leben lang verpflichtet gewesen. Und daher überrascht es nicht, dass sich sein Sohn Walter bis ins hohe Alter hinein immer wieder gefragt hat, wie er sich wohl verhalten hätte, wenn die Nazis ihren Feldzug nicht gegen die deutschen Juden geführt hätten. Und schon gar nicht überrascht, dass Vater Louis noch Mitte der dreißiger Jahre der Überzeugung ist, dass Juden und Deutsche eine gemeinsame Zukunft haben.

Den Nationalsozialismus hält er für ein flüchtiges Phänomen, mit dem die Deutschen eher früher als später abschließen werden: „Sie müssen doch erkennen", sagt er wieder und wieder, „dass diese Leute unter ihrem Niveau sind." Dass die Nazis von einer stabilen Mehrheit getragen werden, geht dem Mann nicht in den Sinn; dass diese breite Unterstützung auch auf das Konto tatsächlicher oder vermeintlicher Erfolge im Bereich der Wirtschaft, der Politik und dann auch der Kriegführung geht, will oder kann er nicht wahrhaben.

Außerdem kann Louis Kissinger ja, wenn auch eingeschränkt, weiter seiner Arbeit nachgehen. Er unterrichtet jetzt Kinder, denen unter der Nazi-Herrschaft ein geregelter Schulbesuch nicht möglich ist. Natürlich weiß er, dass damit im Ausland endgültig Schluss sein wird, denn seine Sprache ist die deutsche. Eine andere beherrscht er nicht – jedenfalls keine moderne und so gut, um seinen eigenen Maßstäben zu genügen. Wäre es nach ihm gegangen, hätte die Familie das Land nie verlassen, und das wäre wohl dem Todesurteil gleichgekommen.

Es ist Paula, die schließlich die Entscheidung herbeiführt. Ihr Verhältnis zu Deutschland ist weniger sentimental als das ihres Mannes. Es ist von Realismus geprägt. Für sie kommen die Machtübernahme der Nazis und die Radikalisierung des Antisemitismus nicht unerwartet. Sie hat registriert, dass Julius Streicher schon seit 1923 im Großraum Nürnberg mit dem Hetzblatt *Der*

Stürmer Furore macht, und dass die Nazis in kaum einer zweiten Gegend Deutschlands schon früh solche Erfolge feiern wie
in Franken, wo besagter Streicher seit 1925 als Gauleiter Regie
führt. Daher kommt die berufliche und soziale Ausgrenzung der
Familie, die der Machtübernahme auf dem Fuße folgt, für sie
nicht ganz überraschend.

So bereitet sich Paula Kissinger darauf vor, mit ihrem Mann
und ihren Kindern das Land zu verlassen. Zunächst frischt sie ihr
Schulenglisch auf, trifft sich regelmäßig mit Freunden aus dem
jüdischen Umfeld, übt englische Konversation und liest fortan
ausschließlich englischsprachige Bücher. Daraus zu schließen,
dass sie nicht schnell genug aus Deutschland fortkommen kann,
wäre falsch. Auch sie hängt an der Heimat. Und sie weiß, dass
die Ausreise nur gegen den Einsatz großer Teile des Vermögens
zu haben ist, es mag noch so bescheiden sein. Vor allem aber
macht sie sich Sorgen wegen des Vaters. Falk Stern ist krebs-
krank, an eine Ausreise ist nicht zu denken. Darf man ihn
schutzlos zurücklassen?

Paula Kissinger steht vor einer schweren, wohl vor der
schwersten Entscheidung ihres Lebens. So wie die Dinge liegen,
muss sie jedenfalls zeitweilig Abschied nehmen – vom Vater
oder von den Söhnen. Nachdem die sogenannten Nürnberger
Gesetze im September 1935 die Lebensmöglichkeiten der Juden
in Deutschland weiter eingeschränkt haben, schreibt sie einer in
den USA lebenden Cousine und bittet sie, ihr die Kinder schik-
ken zu dürfen. Die Cousinen haben sich nie gesehen, wie sich
schon ihre Mütter, obgleich sie Schwestern waren, nie begegnet
sind: Als Paulas Mutter zur Welt kommt, ist ihre ältere Schwester bereits nach Amerika ausgewandert.

Dennoch oder vielleicht gerade deshalb erweisen sich die Fa-
milienbande als belastbar: Sarah Ascher ist drei Jahre älter als
Paula Kissinger, in Brooklyn geboren und lebt jetzt in Larch-
mont auf Long Island, also in unmittelbarer Nachbarschaft zu

Url.XIII

Finanzamt Fürth (Bayern)

Bankkonto: Reichsbank Fürth (Bayern)
Bayer. Staatsbank Fürth (Bayern)
Postscheckkonto Nr. 1702 Nürnberg
Kassastunden: Montag mit Freitag von 8—12 Uhr
Fernruf Nr. 72421

Fürth (Bayern), 6. M a i 193 8

An

ie Geh. Staatspolizei Staatspolizei-
stelle Nbg.-Fürth in
FÜRTH/Bay.

Nürnbergerstr. 18

Gegenstand: Auswanderung; hier

steuerliche Prüfung.

(Zum Schreiben v. 27.4.38 Nr.
1312/VI).
Beilagen:

./.

Gegen die Auswanderung des
Handelsoberlehrers a.D. Louis
KISSINGER, geb. 2.2.1887, seiner Ehefrau Paula, geborene STERN, geb.
25.2.1901 und deren Kinder Alfred
Heinz geb. 27.5.1923 u. Walter Bernhard, geb. 21.6.1934, sämtl. wohnend
in FÜRTH/Bay., Marienstr. 5/II, bestehen vom steuerlichen Standpunkte
aus keine Bedenken.

In Vertretung:
gez. DITTMAR.

Keine Bedenken: Mit Schreiben vom 6. Mai 1938 an die Gestapo gibt das Finanzamt Fürth den Weg für die Ausreise von Louis Kissinger und seiner Familie frei.

New York City. Die Cousine will Heinz und Walter helfen. Weil sie sich aber der Verantwortung alleine nicht gewachsen fühlt und wohl auch weil sie ahnt, wie sich die Dinge in Deutschland entwickeln werden, fordert sie Paula und Louis auf, mit den Kindern in die USA einzureisen.

Sarah Ascher unterzeichnet auch am 28. Oktober 1937 das „Affidavit of Support" und schafft mit dieser eidesstattlichen Erklärung die Voraussetzung für die Einreise der Kissingers in die Vereinigten Staaten. Als Grund für diese nennt das „Affidavit" die wirtschaftlichen Lebensbedingungen der Juden in Deutschland. Die Familie, heißt es dort, könne „etwas Englisch", sei aber noch nicht in der Lage, sich finanziell über Wasser zu halten. Sie selbst, gibt die Cousine zu Protokoll, sei Hausfrau, verdiene wöchentlich 80 US-Dollar, besitze Aktien im Wert von 8 000 und Anleihen im Wert von 7 000 US-Dollar und verfüge zudem über Ersparnisse in Höhe von 8 000 US-Dollar. Damit ist auch für die amerikanischen Behörden sichergestellt, dass die vier Neuankömmlinge in der Anfangszeit ausreichend Unterstützung finden werden.

Und so beantragt Louis Kissinger am 24. April 1938 beim Polizeiamt in Fürth die Ausstellung von Pässen, weil er „die Absicht habe", mit seiner Familie „nach den Vereinigten Staaten von Amerika auszuwandern". Am 29. April erteilt die Gestapo die erforderliche Genehmigung. Ihr folgen am 5. Mai das Polizeipräsidium Nürnberg-Fürth, am 6. Mai das Finanzamt Fürth und am 9. Mai 1938 schließlich auch der Zoll. Nach Erstattung der Bearbeitungsgebühr von 12 Reichsmark treffen wenig später die Pässe ein. Im August ist alles für die Reise vorbereitet. Jetzt gilt es Abschied zu nehmen.

Am schwersten fällt der Besuch in Leutershausen, beim todkranken Falk Stern und seiner Frau Fanny, Paulas Stiefmutter. Zum ersten Mal in ihrem Leben sehen die Söhne ihren Vater

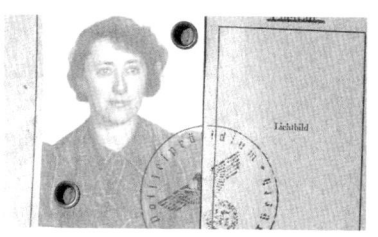

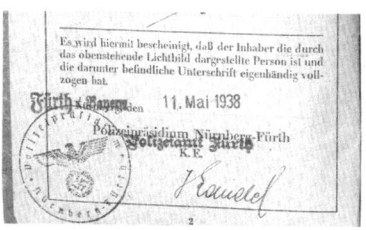

Rettende Dokumente: Am 11. Mai 1938 stellt das Polizeiamt Fürth für Louis, Paula, Henry und Walter Kissinger die Reisepässe aus.

weinen. Ein Leben lang diszipliniert, distanziert, streng und immer gefasst, wird Louis Kissinger vom Trennungsschmerz überwältigt, verliert die Fassung. Wenn sich den Kindern etwas für den Rest ihres Lebens eingeprägt hat, dann ist es dieses Erlebnis und das, wofür es steht: Die Eltern hilflos, schutzlos und gedemütigt zu sehen, ist eine traumatische Erfahrung.

Für Heinz und Walter sind die Ereignisse seit dem Januar 1933 natürlich eine schlimme Erfahrung. Aber die beiden sind jung. Die Zukunft gehört ihnen. Sie erleiden nicht den Schmerz, der den Eltern zugefügt wird. Doch wenn die Brüder selbst im hohen Alter etwas zu erschüttern vermag, dann die Erinnerung an das Leiden der Eltern. Bezeichnenderweise versagt Walter, als er 2004 vor laufender Kamera über diesen Punkt spricht, die Stimme. Und als Henry 1975 von Journalisten befragt wird, warum er die Ehrenmedaille der Stadt Fürth annehme, sagt er unmissverständlich, er tue das der Eltern wegen.

Am 10. August 1938 meldet Louis Kissinger sich und seine Familie beim Polizeipräsidium in Fürth offiziell ab. Zehn Tage später sind sie auf dem Weg nach London. Dort wohnen sie bei Berta und Sigmund Fleischmann, also jener Tante Paulas und deren Mann, die seinerzeit in Fürth die Fleischerei betrieben haben und bei denen Paula schon einmal logierte – damals, als sie in Fürth zur Schule ging. Die Fleischmanns haben die Zeichen der Zeit rechtzeitig und richtig gedeutet, sind nach England emigriert und unterhalten jetzt in Golders Green, einem Vorort Londons, eine kleine Pension. Hier also machen die vier Kissingers einige Tage Station, bis es schließlich am 30. August per Schiff, an Bord der *Ile de France*, von Le Havre nach New York geht.

Kaum angekommen, werden Louis und Paula von den Nachrichten aus Deutschland, vor allem von den Berichten über die sogenannte Reichskristallnacht des 9. November 1938 eingeholt:

Abschied von Europa: Die Kissingers mit Verwandten aus Fürth zwei Tage vor der Überfahrt nach Amerika in Golders Green bei London, 28. August 1938. Vorne: Walter (links) und Henry Kissinger. Hinten von links nach rechts: Sigmund Fleischmann, Paula Kissinger, Berta Fleischmann und Louis Kissinger.

Nach und nach setzt sich für die Emigranten das Bild zusammen. Falk Stern muss zunächst das Haus am Marktplatz von Leutershausen verkaufen, das er 1904 mit seinem Bruder erworben hat und in dem seine Tochter Paula und seine Enkel Heinz und Walter glückliche Zeiten verlebt haben. Die neuen Eigentümer beherbergen den Kranken und seine Frau zwar noch einige Zeit, aber nach den Pogromen, die in Leutershausen bezeichnenderweise schon Mitte Oktober 1938 einsetzen, zieht Falk Stern am 18. Oktober 1938 nach Fürth zu seiner Schwester Minna. Dort stirbt Paulas Vater am 26. Mai 1939.

Minna ist wie die gemeinsame Schwester Berta mit einem Fleischmann verheiratet. Anders als Berta und ihr Mann Sigmund bleiben Minna und ihr Mann Max Fleischmann in Fürth, schon weil sie den todkranken Bruder nicht zurücklassen wollen. 1942 werden Minna und Max Fleischmann deportiert und ermordet – Minna in Theresienstadt, Max in Auschwitz. Auch ihre Schwägerin, Falk Sterns zweite Frau Fanny, Paulas Stiefmutter, überlebt die Vernichtung des europäischen Judentums nicht.

Ein ähnliches Schicksal erleiden die meisten Angehörigen der Familie Kissinger. Zu denen, die überleben, gehören David Kissinger und seine drei Söhne Louis, Karl und Arno. Karl lebt in Ingolstadt an der Donau, hat dort 1923 die vermögende Paula Friedmann geheiratet und betreibt mit dieser in der Stadt das gutgehende Geschäft seines Schwiegervaters, das „Schuhhaus Friedmann". Kaum dass die Nazis die Macht im Lande übernommen haben, wird er am 30. Juni 1933 durch einen städtischen Verwaltungsbeamten und stellvertretenden SS-Standartenführer verhaftet und noch am gleichen Tag, „nachmittags um 4 Uhr 30" als Häftling Nr. 2 339 ins Konzentrationslager Dachau gesperrt, im August 1933 in das Außenlager überstellt und dem Straßenbaukommando zugeteilt.

Dort wird Karl Kissinger, wie er im April 1947 an einen ehemaligen Mithäftling nach Elland in der englischen Grafschaft

Yorkshire schreibt, mehrfach misshandelt. Ein namentlich genannter SS-Mann lässt ihn wie andere „während der Arbeit in nahegelegenes Gehölz kommen" und schlägt ihn dort „grausamst". Einen Eskalationspunkt erreichen die Misshandlungen Mitte Oktober 1933, als ein gleichfalls mit Namen genannter SS-Sturmbannführer – „ein Unmensch, barbarisch, sadistisch" – von den jüdischen Gefangenen „ein Geständnis über angebliche Beziehungen zu Russland erpressen" will. Als „das nicht gelang, hatten alle Juden am 18.10.33 Strafexerzieren und Walzenziehen auf aufgeweichtem Boden [sic], ein Vorgang, der an Grausamkeit nicht zu überbieten ist. Als ich ihm", so Karl Kissinger im Rückblick des Jahres 1947, „im Auftrage der völlig erschöpften Kameraden am Spätnachmittag erklärte: Sie können uns jetzt alle erschießen lassen, aber wir werden nicht etwas zugestehen, was wir nicht begangen haben, dann antwortete er unmenschlich: ‚Ohne Geständnis wird keiner von Euch lebend das Lager verlassen'."

Dass Karl Kissinger – wie nicht wenige seiner Mithäftlinge auch – im Ersten Weltkrieg für Deutschland gekämpft hat und dafür dekoriert worden ist, zählt jetzt nicht mehr. Immerhin gelingt es seiner Frau, die gute Verbindungen in Ingolstadt hat, ihn im Dezember 1934, also nach 18 Monaten, freizubekommen. Allerdings muss er in den Verkauf des Geschäfts einwilligen. Danach zieht er mit seiner Frau und den drei Kindern Herbert, Erwin und Margot, den Vettern und der Cousine von Heinz und Walter, nach München; 1937 gelingt der Familie die Emigration nach Palästina.

Wie die meisten Überlebenden der Familie Kissinger setzt selbst Karl nach dem Ende der Nazi-Herrschaft wieder seinen Fuß auf deutschen Boden. Anfang der fünfziger Jahre lebt er für einige Zeit wieder in München, bis er und seine Frau ihre Zelte endgültig in Florida aufschlagen. Auch danach kommt Karl Kissinger immer wieder einmal nach Deutschland – weil die

Geschäfte ihn herführen oder weil er hier zur Kur weilt. Und wenn es sich irgend einrichten lässt, stattet er auch Ermershausen, dem Ort der Kindheit und der Jugend, einen Besuch ab.

Auch Karls Bruder Arno, der andere Onkel von Heinz und Walter Kissinger väterlicherseits, ist Geschäftsmann. Als Vertreter einer Firma für optische Gläser kommt er viel in der Welt herum, unter anderem in den Vereinigten Staaten von Amerika, und davon wiederum profitieren auch seine beiden Fürther Neffen, kehrt doch der Onkel von seinen Reisen nicht selten mit einem Geschenk zurück.

Mitte der dreißiger Jahre erkennt Arno Kissinger, dass die Juden in Deutschland keine Zukunft haben, lässt sich als Vertreter der American Optical Company in Stockholm nieder, und heiratet dort Ende November 1943 die ebenfalls aus Deutschland stammende Erika Mayer. Nachdem die Pogrome der Reichskristallnacht keinen Zweifel mehr zulassen, welches Schicksal den Juden in Deutschland bevorsteht, gelingt es Arno Kissinger Anfang 1939, auch seinen Vater von der Übersiedlung nach Schweden zu überzeugen. Bis zu seinem Tod lebt David Kissinger bei seinem Sohn und seiner Schwiegertochter in Stockholm.

Vielleicht weil er sich im neutralen Schweden und überdies als einziger der Brüder in Europa aufhält, ist Arno Kissinger auch derjenige, zu dem die in Deutschland zurückgebliebenen Schwestern den Kontakt halten – solange es geht: Schließlich kommen sie alle – Selma, Ida und Fanny, zudem fast sämtliche ihrer Familienangehörigen – ums Leben. Verzweifelt haben die, denen rechtzeitig die Flucht gelungen ist, haben auch Louis und Paula Kissinger versucht, die zurückgebliebenen Familienangehörigen nachzuholen. Vergeblich. In einigen Fällen sind die Papiere zwar schon auf dem Weg, aber es ist zu spät.

Fast alle – wie auch die Angehörigen der Familie Stern – werden zunächst nach Izbica deportiert. Die kleine Ortschaft unweit von Lublin ist dem Generalgouvernement zugeschlagen worden, das nach dem deutschen Überfall auf Polen Mitte Oktober 1939 eingerichtet worden ist. Hier, im Herzen Polens, bauen die deutschen Besatzer vier jener sechs Vernichtungslager, in denen die Juden Europas seit dem Sommer 1941 systematisch und industriell ermordet werden. Izbica dient als Durchgangsstation für Transporte aus verschiedenen Städten und Regionen Deutschlands und Österreichs sowie dem Ghetto Theresienstadt, das seinerseits unter anderem als Durchgangslager für die Juden Mittel- und Westeuropas fungiert. Von Izbica aus werden die Opfer in die Gaskammern von Sobibor und Belzec geschafft.

Unter den nach Izbica Deportierten befinden sich fast alle noch in der Region lebenden Angehörigen der Familien Stern und Kissinger. Die meisten werden sich in dem Transport befunden haben, der zwischen dem 22. und dem 24. März 1942 in der Region Fürth und Nürnberg zusammengestellt wird und nach Izbica geht. Wohl kaum einer der in den Wagons zusammengepferchten Menschen, darunter 237 Fürther Juden, hat überlebt.

Jahre später, Mitte Mai 1953, schreibt Arno Kissinger seinem Bruder Karl, was er über das Schicksal ihrer Schwester Selma Blättner weiß: Am 22. Mai 1942 haben sie und ihr Mann Max Blättner sich letztmalig aus Frankfurt bei Arno Kissinger gemeldet und ihm mitgeteilt, dass sie jetzt auf Reisen gehen würden, aber keine Adresse angeben könnten. Vermutlich sind sie jenem Transport zugeteilt, der am 11. Juni 1942 Frankfurt verlässt. Am 7. Juli reicht Selma Blättner dann ihre neue Anschrift per Postkarte nach: Izbica, Block 3, 445a. Es ist die einzige und letzte Nachricht, die den Bruder aus dem Lager erreicht. Von den Paketen und den Geldsendungen, die er seinerseits – letztere über eine Bank – zu den beiden auf den Weg bringt, erreicht keine die Adressaten.

Louise Blättner, die Tochter von Max und Selma, meldet sich unter dem Datum des 19. Januar 1943 zum letzten Mal brieflich bei ihrem Onkel in Stockholm. Sechs Wochen später wird sie nach dessen Kenntnis noch einmal in Berlin gesehen. Danach, so schreibt Arno Kissinger 1953 seinem Bruder Karl, wird auch sie deportiert. Das gleiche Schicksal erleiden Fanny und Ida, die beiden anderen Schwestern von Karl, Louis und Arno Kissinger. Fanny Rau, ihr Mann Jakob und ihr Sohn Norbert werden ebenso nach Izbica deportiert und dann umgebracht wie Ida Friedmann und ihr Mann Siegbert.

Den beiden gelingt es immerhin, ihre drei Kinder Bella, Julius und Lisa nach London zu schicken. Sie selbst bekommen die lebensrettenden Visa, die Louis und Paula Kissinger in Amerika auf den Weg gebracht haben, nicht mehr. In einer der letzten Nachrichten an ihre Kinder in London heißt es: „Wir freuen uns sehr zu wissen Euer gutes Wohl [sic], auch wir sind Gottlob gesund und guten Muts ... Bleibt weiter gesund und schreibt uns öfters. Grüße und küsse Euch recht herzlich Eure Mutter." Wenig später werden Ida und Siegbert Friedmann von Mainstockheim nach Izbica deportiert. Man ahnt, welches Schicksal Louis, Paula, Heinz und Walter Kissinger erwartet hätte, wäre ihnen nicht die Ausreise aus Deutschland gelungen.

So aber überleben sie – fern von Deutschland und Europa, in einer fremden Welt. Das Land, das die Vier im August 1938 erstmals betreten, ist in keiner guten Verfassung. Die weltweiten wirtschaftlichen und politischen Verwerfungen, die auch beim kometenhaften Aufstieg Hitlers eine Rolle spielen, haben hier, in den Vereinigten Staaten, ihren Ursprung: Von Ende Oktober 1929 bis Anfang Juli 1932 befindet sich der amerikanische Aktienmarkt auf einer ungebremsten Talfahrt und reißt alles mit sich, was direkt oder indirekt von ihm lebt. 85 000 Unternehmen gehen in Konkurs, ein Viertel der Arbeitsuchenden findet keine. Als die Kissingers in New York, dem Ausgangspunkt des Börsenkrachs, an Land gehen, steht Amerika immer noch im Bann der Krise.

Allerdings gibt es Hoffnung, und die verbindet sich mit dem Namen Franklin D. Roosevelt. Anfang März 1933 bezieht der

32. Präsident der USA das Weiße Haus. Auf dem Weg dorthin hat der Demokrat seine Landsleute und sich selbst auf einen Neubeginn, auf einen New Deal verpflichtet. Wie der aussehen soll, was sich dahinter verbirgt, weiß keiner genau zu sagen, auch der Präsident nicht. Eine ausformulierte Strategie gibt es nicht, wohl aber zwei umfangreiche Pakete mit gesetzlichen und administrativen Maßnahmen, die 1933 und 1935 auf den Weg gebracht werden. Nie zuvor in der amerikanischen Geschichte ist Vergleichbares unternommen worden.

Aber mindestens so entscheidend wie diese Maßnahmen selbst, deren Erfolge sich in Grenzen halten, ist der Wille zur Wende. Und für den steht vor allem der Präsident selbst, der beim Amtsantritt Anfang Fünfzig ist. Im Erwachsenenalter an Kinderlähmung erkrankt und seither an den Rollstuhl gefesselt, steht Franklin D. Roosevelt für die Überzeugung, dass sich mit Zuversicht, Mut und eisernem Willen jede Situation meistern lässt. Mit ihnen tritt er später, seit Ende der dreißiger Jahre, gegen Hitler an und zwingt den deutschen Diktator schließlich in die Knie. Mit ihnen will er seit seinem Amtsantritt auch jene schwere Krise meistern, die Amerika nach wie vor im Griff hat.

So gesehen ist FDR, wie sie ihn schon damals nennen, der Inbegriff jener Tugenden, in denen Chancen gründen und mit denen jener legendäre amerikanische Lebensweg beginnt, den auch Heinz und Walter Kissinger einschlagen werden. Absehbar ist das einstweilen nicht. Denn als die beiden mit ihren Eltern in der neuen Heimat ankommen, steht Amerika ein weiterer Winter mit bis zu neun Millionen Arbeitslosen ins Haus. Neuankömmlinge sind da nicht unbedingt willkommen, selbst wenn sie ihrer Heimat den Rücken kehren mussten, weil es dort keine Zukunft mehr gab.

Ein Leben lang werden Louis und Paula Kissinger nicht vergessen, was dieser Neuanfang für sie und die Kinder bedeutet hat, wie sich Zuversicht und Resignation die Waage hielten. Sie hatten Glück. Sie gelangten auf die Sonnenseite. Sie bekamen und sie nutzten die Chancen, die das Land bieten kann. Sie wurden Amerikaner, und sie sind stolz darauf. Als sie dreieinhalb Jahrzehnte nach der Ankunft auf Einladung ihres inzwischen berühmten Sohnes der Einführung Präsident Nixons in seine zweite Amtszeit beiwohnt, überkommt Paula Kissinger dieses Gefühl. Es erfülle sie mit Stolz, schreibt die jetzt über Siebzigjährige an ihren Schwager Arno Kissinger in Stockholm, „Teil dieses Landes zu sein, das trotz seiner inneren Spaltung und vieler ungelöster Probleme immer noch das großartige Land ist, in dem man leben kann, und das nach wie vor für viele, die danach suchen, unbegrenzte Möglichkeiten bietet".

Das ist die eine Seite. Es gab eine andere. Vor allem Louis hat nie vergessen, wie beinahe aussichtslos die Anfänge waren. Noch Jahrzehnte später, als er mit seiner Frau, den Kindern, den Enkeln und auch mit seinem Bruder Arno in der Schweiz die Goldene Hochzeit feiert, erinnert er an die „Hoffnungslosigkeit", die er und Paula empfanden, als es in dem „neuen Land" an den Aufbau einer „neuen Zukunft" ging. „Sie können sich denken", schreibt er am Jahresende 1979 nach Deutschland, „dass wir durch schwere, sorgenvolle Jahre zu gehen hatten, bis wir wieder Boden fassen konnten."

Denn als Louis, Paula, Heinz und Walter Kissinger im August 1938 in New York an Land gehen, betreten sie eine ganz und gar fremde Welt. Der Kulturschock ist beträchtlich. Die Vier haben ja ihre engere fränkische Heimat kaum verlassen. Sicher, Paula hat als junge Frau einige Monate als Au-pair-Mädchen in Norddeutschland gearbeitet; auch sind sie und ihr Mann mehr oder weniger regelmäßig nach Marienbad gereist, gelegentlich auch in die Schweiz.

Aber das hier ist etwas anderes. Das hier ist New York, und New York ist eine Millionenstadt – mit Wolkenkratzern, unglaublich dichtem Verkehr, einem enormen Geräuschpegel, einem maßlos üppigen Angebot an Geschäften, Restaurants und Bars und vor allem: mit sehr vielen Menschen. Das alles macht die eigene Person noch winziger als sie ohnehin schon ist.

Denn wie kommen die Verfolgten und Vetriebenen hier an? Ohne ausreichende Sprachkenntnisse, mit bescheidenen finanziellen Mitteln – und nicht zuletzt: mit einem schlechten Gewissen. Gerade weil sie es geschafft haben, weil sie die anderen zurücklassen mussten, weil sie nichts mehr für sie tun können, weil sie oft nicht einmal erfahren, was aus ihnen geworden ist, fühlen sie sich schuldig und elend. Und dann haben sie nicht einmal ein Dach über dem Kopf. Fast alle Ankömmlinge stranden zunächst in den Massenunterkünften der Stadt mit ihren nach Männern und Frauen getrennten großen Schlafsälen, bevor es dann in eine erste bescheidene eigene Unterkunft geht.

Für viele der Älteren ist das ein Schock, wird ihnen doch erst jetzt bewusst, was die Emigration bedeutet. Die Jungen tun sich zumeist leichter. Auch Heinz und Walter Kissinger. Dass dieses Schicksal allerdings auch bei ihnen Spuren hinterlässt, steht außer Frage. Dazu gehört das enge Verhältnis der Brüder zueinander. Wie sich ihre Beziehung ohne diese Zäsur in ihrem Leben entwickelt hätte, wissen wir nicht. So aber bindet sie jenes „gemeinsames Geschick", von dem Henry noch in hohem Alter spricht, zeitlebens aneinander: „Wir waren immer im Kontakt, auch während des Krieges", sagt der Ältere, „und wir sehen uns auch jetzt regelmäßig … Ich habe den höchsten Respekt für meinen Bruder, und ich traue ihm völlig. Und so sprechen wir oft und regelmäßig über persönliche Probleme."

Verglichen mit anderen haben die beiden, als das Schicksal sie nach Amerika verschlägt, Glück im Unglück. So betreten sie ihre neue Heimat in einem Alter, in dem der Verzicht auf das gewohnte Leben, der Verlust der sozialen Stellung, die Orientierung in einer neuen Lebenswelt, auch die Umstellung auf eine fremde Sprache noch kein großes Problem darstellen. Außerdem lassen sie ja nicht nur schöne Erinnerungen zurück, im Gegenteil: Die letzten Jahre in Deutschland waren schlimm.

Und dann hat die Reise auch etwas Abenteuerliches. Amerika und insbesondere New York sind damals für die meisten Europäer der Inbegriff der großen, weiten Welt. Walter erinnert sich bis ins hohe Alter an die nächtliche Einfahrt in den Hafen der Weltstadt – an die lichtüberflutete Skyline, aber auch an die Freiheitsstatue. Damals begreift er, mehr intuitiv, die hohe symbolische Bedeutung, die dieses Wahrzeichen für das Land, für die Stadt und für seine Bewohner besitzt, zu denen jetzt auch die vier Immigranten aus Fürth zählen.

Heimweh empfinden er und sein Bruder nicht. Anders die Eltern. Sie haben ihre fränkische Heimat mit dem Gefühl verlassen, diese nicht wiederzusehen, jedenfalls nicht in absehbarer Zeit. Für sie sind die Reise und die Anfänge in Amerika kein Abenteuer, sondern ein mühevoller Neuanfang. Einen Lebensplan haben sie nicht. Wie sollten sie auch? Wo soll man anfangen? Wo bekommt man ein Dach über dem Kopf? Wird es jemals möglich sein, den alten, den in Deutschland gewohnten Lebensstandard zu erreichen? Fast alles haben sie zurücklassen müssen.

Auch die Mobilien, also den gesamten beweglichen Besitz. Und da ist im Laufe der Jahre einiges zusammengekommen. Weil auch der Oberlehrer Louis Kissinger im Januar 1927 – für den Bezirkslehrerverein und von diesem beurkundet – ein sogenanntes Fahrnisverzeichnis, also eine Liste der Mobilien erstellt hat, wissen wir, dass es sich um die typische Ausstattung einer bürgerlichen Familie in Deutschland handelt. Da die Lehrerfamilie bis zu ihrer Flucht die Wohnung nicht mehr gewechselt hat, dürfte sich am Umfang der Ausstattung wenig geändert haben, sieht man einmal von den Gegenständen ab, die der Lehrer für seine beiden heranwachsenden Jungen angeschafft hat –

so ein Klavier oder die Fahrräder, die im „Fahrnisverzeichnis" von 1927 noch nicht aufgeführt sind.

Ansonsten ist dort alles penibel festgehalten – von den jeweils vier Schränken und Tischen, den 17 Stühlen oder fünf Betten, über das Bettzeug, die Kleider und Schuhe oder auch die Wäsche bis hin zu einer Damen- und einer Herrenuhr, einem Silberbesteck oder auch einem Käsebesteck im Wert von 30 Reichsmark. Insgesamt beläuft sich der „Fahrniswert" der Familie Kissinger 1927 auf knapp 23 000 Reichsmark – einschließlich der „Musikalien und Bücher". Von einigen Koffern mit Kleidung und den wichtigsten Papieren abgesehen, ist all das in Fürth zurückgeblieben, als die Kissingers die Stadt verließen. Zwar sollen die Möbel nachgeschickt werden. Aber angesichts der Willkür der Machthaber in Deutschland ist es wohl vernünftig, nicht darauf zu setzen.

Allerdings haben die Vier Glück im Unglück, weil ihnen ein 1933 verstorbener Onkel aus Pittsburgh eine bescheidene Erbschaft hinterlassen hat. Louis Baehr ist schon Gast auf der Hochzeit von Louis und Paula Kissinger gewesen, hat die beiden und ihre Söhne auch später einmal in Fürth besucht. Da die Familie seiner Frau in Pittsburgh ein Kaufhaus besaß, brauchte sich Louis Baehr um sein Auskommen keine Sorgen zu machen, und davon haben auch schon seine Fürther Neffen gelegentlich profitiert: Zu bestimmten Anlässen ließ der Onkel Henry und Walter schon einmal ein kleines Geldgeschenk zukommen.

Jetzt also die Erbschaft. Sie reicht, um die Neuankömmlinge in New York während der ersten Monate über Wasser zu halten und ihnen vor allem den Bezug einer eigenen Wohnung zu ermöglichen. Allerdings tritt an die Stelle der Fünf-Zimmer-Wohnung in der malerischen Fürther Altstadt jetzt eine Zwei-Zimmer-Wohnung in der ziemlich heruntergekommenen Bronx, und an ein Dienstmädchen, das zuhause zum selbstverständlichen Komfort gehörte, ist jetzt natürlich nicht zu denken.

Ähnlich sieht es mit einer Arbeit für Louis Kissinger aus, der alles tut, um eine Anstellung als Lehrer zu finden. Aber das ist im New York der ausgehenden dreißiger Jahre hoffnungslos – wegen der wirtschaftlichen Misere der Depressionszeit, aber auch wegen der sprachlichen Barrieren. Insgesamt bringt die Familie, was die neue Sprache angeht, recht gute Voraussetzungen mit. Nicht nur haben Heinz und Walter auf der Fürther Realschule Englisch gelernt, sie kommen auch einen Monat nach ihrer Ankunft an der George Washington High School unter, einer damals hervorragenden Einrichtung, müssen sich also von Anfang an in der neuen Sprache bewegen. Außerdem legen die Eltern Wert darauf, dass zuhause Englisch gesprochen wird.

So finden sich Heinz und Walter rasch in der neuen Sprache zurecht – wenn auch auf unterschiedliche Weise. Heinz ist der Einzige, der seinen Namen ändert. Die anderen drei behalten die ihren, wenn auch die Aussprache amerikanisiert wird: Louis bleibt Louis, Paula bleibt Paula, Walter bleibt Walter. Nur bei Heinz ist das anders. Heinz ist jetzt Henry. Gleichzeitig ist er derjenige der Brüder, der seinen deutschen Akzent nie los wird, vielleicht ja auch gar nicht loswerden will. Dabei ist Henry nur ein Jahr älter als Walter, und der ist bald schon sprachlich perfekt assimiliert. Allerdings ist zu bedenken, dass sich Henry seit Ende 1944 wieder für einige Jahre in Deutschland aufhält und in dieser Zeit immer wieder auch seine Muttersprache benutzt.

Dass die Eltern bis zuletzt ihren eigentümlichen Akzent behalten, überrascht nicht. Sie sind in fortgeschrittenem Alter, als sie in eine neue Sprache eintreten. Aber auch sie kommen nicht ohne Vorkenntnisse, im Gegenteil: Paula hat sich in dieser Hinsicht systematisch auf die neuen Verhältnisse vorbereitet, und auch Louis spricht besser Englisch als die meisten Immigranten. Beide besuchen zudem die Schule, um ihre Kenntnisse zu verbessern.

Aber für die Ausübung des Lehrerberufs, der von der Sprachbeherrschung lebt, reicht es nicht. Jedenfalls nicht für Louis

Kissinger, der auch in dieser Hinsicht hohe Ansprüche an sich stellt. So baut sich im Kopf des Mannes, der fließend Latein und Altgriechisch spricht, eine zusätzliche Hürde auf: In Verbindung mit den klassischen Skrupeln des Gelehrten wird die Angst vor sprachlichen Fehlern zu einem Handicap, und mit diesem sinkt die ohnehin geringe Chance, den geliebten Lehrerberuf vielleicht doch wieder ergreifen zu können.

So kommt eines zum anderen. Unsicher im Englischen, zieht es Louis Kissinger immer öfter vor zu schweigen, und das fördert nicht gerade die Kontakte. Dass er nicht in der Lage ist, seine Familie zu ernähren, belastet ihn enorm. Und dann reißen die schlechten Nachrichten aus Deutschland nicht ab. Seit den Novemberpogromen, von denen sie kurz nach ihrer Ankunft in Amerika erfahren, weiß Louis, dass sich seine Familie buchstäblich in letzter Minute gerettet hat, und er weiß auch, dass er den Zurückgebliebenen nicht mehr helfen kann. Das Gefühl der Ohnmacht ist bedrückend.

Louis Kissinger leidet, wird depressiv. Die Millionenstadt tut ein Übriges. Inzwischen Anfang fünfzig, ist er derjenige unter den vier Neuankömmlingen, der sich nur in kleinen Schritten an die neue Umwelt gewöhnt. Gut möglich, dass Schmerzen in der Magengegend hier eine Ursache haben, und sie werden mit der Zeit nicht besser, sondern schlimmer. Immer wieder gesteht er jetzt seiner Frau: „Ich bin der einsamste Mensch in dieser großen Stadt."

Paula Kissinger weiß, dass sie handeln muss. Schwer fällt ihr das nicht. Es entspricht ihrem Naturell. Auch ist sie deutlich jünger als Louis, die Anpassung an die neuen Lebensverhältnisse gelingt der nicht einmal Vierzigjährigen leichter als ihrem Mann. Ihr Selbstvertrauen und ihre Flexibilität helfen Paula, in der Sprache kein entscheidendes Hindernis zu sehen. Zwar ist auch ihr Englisch nicht perfekt, und der deutsche Akzent ist unüberhörbar, aber das stört sie wenig. Sie spricht unbefangen und grämt sich nicht über Fehler. Hauptsache ist, sie kann sich verständigen.

Und so beginnt sich Paula in Immigrantenkreisen umzuhören und nach einer Arbeit zu suchen. Dort verweist man sie an das *Council of Jewish Women,* und hier schlägt man ihr vor, in den Cateringservice, also in das Dienstleistungsgewerbe zu gehen. Zum Glück ist Paula frei von Vorurteilen und Standesdünkeln, und dass sie das Kochen eigentlich hasst, seit sie als junge Frau den Haushalt des Vaters führen musste, steht auf einem anderen Blatt. Jetzt geht es darum, die Familie zu ernähren und durchzubringen.

Also durchläuft sie eine Ausbildung, lernt, wie man in Amerika Gerichte kocht und Getränke mixt. Jetzt findet sie am Kochen sogar Gefallen. Bald versteht sie das Geschäft, und später wird aus dem Broterwerb ein Zeitvertreib. Denn Paula Kissinger bietet ihren Partyservice auch noch zu einer Zeit an, als Sohn Henry bereits in Washington Karriere macht – allerdings unter der Bedingung, dass die Kunden keinen Gebrauch von ihrem Namen machen. Anfangs halten die sich auch daran, doch dann können einige nicht der Versuchung widerstehen und enthüllen das Geheimnis um die Lieferantin mit dem großen Namen. Erst da hängt Paula Kissinger den Cateringservice an den Nagel.

Als sie mit dem Geschäft beginnt, ist das kein Luxus, sondern bittere Notwendigkeit. Die Zeiten sind hart. Das Geld, das ihr Geschäft einbringt, reicht vorne und hinten nicht, um die Familie über die Runden zu bringen. Damit sie sich über Wasser halten können, müssen die Söhne mit anpacken. Ein Jahr nach ihrer Ankunft in New York beginnen sie zu arbeiten. Walter trägt frühmorgens, noch vor Schulbeginn, Zeitungen aus, und Henry bekommt einen Job in einer Rasierpinselfabrik. Da er tagsüber arbeiten muss, wechselt er auf die Abendschule der George Washington High School. Die schulischen Leistungen der beiden leiden unter der Doppelbelastung nicht. Sie sind jung, sind durch den Vater auf den Umgang mit der Schule eingestimmt, und sie wissen, dass in einer guten Ausbildung der Schlüssel zu einer besseren Zukunft liegt.

Außerdem können sie sich bald wieder ganz auf die Schule konzentrieren. Zum einen findet der Vater 1940 doch eine Anstellung – zwar nicht als Lehrer, sondern in der Buchhaltung einer metallverarbeitenden Firma. Sie gehört Bekannten aus Franken, die den Absprung vor den Kissingers geschafft haben. Der Job ist zwar nicht sonderlich gut bezahlt. Aber immerhin geht Louis Kissinger jetzt wieder regelmäßig einer Arbeit nach. Das hilft dem angeschlagenen Selbstwertgefühl und trägt zum Einkommen seiner Familie bei.

Und dann laufen Paulas Geschäfte zusehends gut. Denn ihr liegt die neue Arbeit. Das Kochen macht ihr Freude, weil es große Resonanz findet. Sie ist eine exzellente Köchin, und obgleich sie selbst ihr Leben lang nur koscher isst, versteht sie sich auch auf die nicht-koschere Küche. Außerdem ist sie eine gebildete und kommunikative Frau. So sprechen sich ihr Können und ihre Dienste bald herum – unter Juden, aber auch unter Nicht-Juden. Ihre Kunden kommen aus sehr unterschiedlichen Kreisen, wodurch Paula wiederum Einblick in die Funktionsweise und die Spielregeln der amerikanischen Gesellschaft gewinnt.

Mit einigen Kunden freundet sie sich an und profitiert alsbald von einer amerikanischen Kardinaltugend, der Hilfsbereitschaft: Einige ihrer gut situierten Kunden sind gleichermaßen vom Schicksal der Familie gerührt wie vom Einsatz der Frau angetan und helfen, wo sie können. Allerdings sind die Kissingers schon bald kaum mehr auf solche Hilfe angewiesen. Das Einkommen der Eltern reicht einstweilen für den Lebensunterhalt – und für eine neue Wohnung. Zwei Jahre nach ihrer Ankunft in der Stadt ziehen sie mit ihren Söhnen nach Washington Heights.

Die schmale nördliche Spitze von Manhattan – gegenüber der Bronx, von dieser durch den Harlem River getrennt und auf dem höchsten Punkt der Insel gelegen – verdankt ihren Namen einem Militärfort, in dem George Washington und seine Gefolgschaft während des amerikanischen Unabhängigkeitskrieges zeitweilig Quartier genommen hatten. Daher auch der Name der westlichen Hauptverkehrsader, der Fort Washington Avenue. Hier – im Haus Nr. 615, unweit des Fort Tryon Parks – beziehen die Kissingers eine Wohnung. Die Eltern bleiben bis zu ihrem Lebensende.

Das Apartment ist für die Zeit recht geräumig, wie viele Wohnungen in dieser Gegend. Die ursprünglichen Bewohner haben sie im Gefolge der Weltwirtschaftskrise aufgeben müssen, die Neuankömmlinge suchen und finden Wege, um sich in der fremden neuen Welt einen Hauch von Geborgenheit zu schaffen: Wenn das Geld für die Wohnung nicht reicht, wird eben ein Teil untervermietet. Schon seit Beginn der dreißiger Jahre des 20. Jahrhunderts zieht Washington Heights zunehmend jüdische Bewohner an. Bis zum Ende der dreißiger Jahre wird das Viertel zu einem Zentrum deutschstämmiger Juden, die ihre neue Heimat ironisch das „Vierte Reich" nennen.

Für die Neuankömmlinge hat das nicht nur Vorteile. Gewiss ist es beruhigend zu wissen, dass man nicht allein ist, dass andere hier sind, die das gleiche Schicksal teilen und mit denen man sich verständigen kann, weil sie dieselbe Sprache sprechen. Außerdem gibt es bald Geschäfte und Restaurants, die deutscher kaum sein könnten. Andererseits verzögert die Umgebung nicht nur die Akklimatisierung, sie fördert auch den Hang zu einer gewissen Ghettoisierung, und die wiederum verstärkt latent vorhandene Ressentiments. Antisemitische Übergriffe, die ohnehin zu dieser Zeit in Amerika nicht selten sind, nehmen zu. Sie jagen vielen, die solchen Auswüchsen gerade unter größten Mühen entkommen sind, Angst und Schrecken ein, zumal die Deutschstämmigen unter ihnen vor allem nach Kriegsausbruch wegen ihrer Herkunft als „feindliche Ausländer" oder auch „fünfte Kolonne" gelten.

Die Kissingers bleiben von diesen Schattenseiten weitgehend verschont. Zum einen sind sie, als sie von der Bronx herziehen, schon einigermaßen akklimatisiert, erliegen also nicht der Gefahr eines Rückzugs in das deutschstämmige Milieu. Und dann wohnt hier jene Cousine Sarah Ascher, die Paula und ihrer Familie seinerzeit die Ausreise aus Deutschland ermöglicht hat und der Paula nach ihrer Ankunft in New York erstmals begegnet ist. Die beiden verbindet seither neben der verwandtschaftlichen eine freundschaftliche Beziehung, und natürlich hilft es den Neuankömmlingen, dass die Cousine in Brooklyn geboren ist, also die Stadt und das Land seit Kindesbeinen kennt, und ihnen mit Rat und Tat zur Seite stehen kann.

Wichtig ist das vor allem für Henry und Walter, denn die Eltern setzen alles daran, ihren Söhnen einen Lebensstandard zu bieten, der dem der alten Heimat vergleichbar ist. Da kommt es natürlich gelegen, dass jetzt doch noch die Möbel aus Deutschland eintreffen. Freilich haben Louis und Paula Kissinger nicht nur materielle Werte im Sinn. Sie wollen den Söhnen auch ein angemessenes soziales und kulturelles Umfeld erschließen. Die Schule bietet eine gute Grundlage, aber die Eltern möchten mehr. So lädt Paula immer wieder Gäste ein, vor allem jüngere Leute, um Henry und Walter die Möglichkeit zu geben, im Gedankenaustausch ihren Horizont zu erweitern. Und wenn die finanzielle Situation es irgend zulässt, nehmen die Musikliebhaber auch eine andere Fürther Tradition wieder auf und gehen mit ihren Söhnen ins Konzert.

Natürlich soll – auch und gerade in der Neuen Welt – die religiöse Erziehung nicht zu kurz kommen. Die Familie gehört der orthodoxen K'hal Adath Jeshurun Gemeinde an, die von Immigranten gegründet worden ist. Beruflich eingespannt wie sie ist, findet Paula kaum die Zeit, aktiv am Gemeindeleben teilzunehmen. Anders Louis, der die Söhne regelmäßig mit in die Synagoge nimmt. Einstweilen folgen sie dem Vater. Sie wissen, was der

Glaube ihm bedeutet, welche Stütze er ihm gerade in diesen schwierigen Zeiten ist. Später trennen sich hier die Wege – zum Kummer des Vaters und in dem Maße, in denen Heinz und Walter die jüdische Orthodoxie fremd wird.

Zu den Lichtblicken im Leben des Vaters zählt, dass seine Söhne reüssieren. Bei aller Trauer über das, was sie zurücklassen mussten, bei aller Sorge um das Schicksal derer, denen sie nun nicht mehr helfen können, ist es ein Glück, dass jedenfalls die eigenen Kinder in einem freien Land leben und an ihrer Zukunft arbeiten können. Und sie tun das mit Erfolg. Sie sind der ganze Stolz ihrer Eltern. Henry studiert mittlerweile am City College in Now York und trägt sich mit dem Gedanken, in die Buchhaltung zu gehen, also den Weg zu nehmen, den auch der Vater in Amerika eingeschlagen hat. Walter arbeitet zunächst in einer Werkstatt, denn den Autos gehört schon früh seine Leidenschaft. Aber dann werden sie und ihre Eltern wieder eingeholt – von dem Mann, vor dem sie aus Deutschland geflohen sind.

Als die Kissingers Europa im Sommer 1938 verlassen, steht Europa am Rande eines Krieges. Die treibende Kraft ist Deutschland. Seit Hitler im März 1935 die allgemeine Wehrpflicht wieder eingeführt hat, ein Jahr später deutsche Truppen in die entmilitarisierten Zonen des Rheinlandes einmarschiert sind und im März 1938 Österreich an das Deutsche Reich angeschlossen worden ist, stehen die Zeichen auf Sturm. Hitler hat leichtes Spiel, weil die anderen stillhalten oder sogar mit ihm kooperieren: Großbritannien, Frankreich, das faschistische Italien sowieso, schauen auch dann noch zu, als Deutschland im Oktober 1938 beziehungsweise im März 1939 die Tschechoslowakei zerschlägt. Und selbst den deutschen Angriff auf Polen am 1. September 1939 quittieren London und Paris zwar mit einer Kriegserklärung, nicht aber mit der Eröffnung der Kampfhandlungen gegen den Aggressor.

Der sowjetische Diktator Josef Stalin geht sogar einen Pakt mit dem deutschen Diktator ein, um sich am Beutefeldzug in Ostmitteleuropa beteiligen zu können. Sie alle zahlen dafür über kurz oder lang einen hohen Preis: Frankreich wird – nach Dänemark und Norwegen und gemeinsam mit Belgien, den Niederlanden und Luxemburg – im Frühjahr 1940 innerhalb weniger Wochen militärisch ausgeschaltet, Großbritannien steht ein Jahr lang am Abgrund, und über die Sowjetunion rollt seit dem deutschen Überfall vom 22. Juni 1941 ein beispielloser Vernichtungsfeldzug hinweg.

Und wie verhält sich Amerika, die neue Heimat der Kissingers, zu alledem? Reserviert und strikt neutral – jedenfalls die breite Öffentlichkeit und der Kongress. Seit August 1935 verwehren eine Reihe von Gesetzen jedwede direkte oder indirekte politische oder militärische Intervention. Es ist der Präsident, es ist Franklin D. Roosevelt, der das Steuer Zug um Zug umzulegen versucht. Politische Maßnahmen wie die Abberufung des Botschafters aus Berlin, mit denen Roosevelt am 10. November 1938 auf die Pogrome reagiert, werden nach dem Überfall auf Polen, vor allem aber nach der Niederwerfung Frankreichs, immer stärker durch militärische Maßnahmen aller Art flankiert. Damit will der Präsident sein Land auf den Kriegseintritt vorbereiten.

Das ist auch deswegen eine enorme Herausforderung, weil die Vereinigten Staaten in keiner Weise für einen Krieg gerüstet sind. Außerdem gibt es neben dem europäischen einen zweiten Kriegsschauplatz, der zusehends Amerikas Interessen berührt. Seit Japan im September 1931 in die Mandschurei eingefallen ist, und – inzwischen mit Deutschland verbündet – im Juli 1937 den Krieg gegen China eröffnet hat, stellt sich dem Präsidenten auch hier die Frage der richtigen Reaktion.

Die Antwort wird ihm im einen wie im anderen Fall von den Aggressoren abgenommen: Am 7. Dezember 1941 überfallen die Japaner die amerikanische Pazifikflotte im Stützpunkt Pearl

Harbor auf Hawaii, vier Tage später erklärt das Deutsche Reich den USA den Krieg. Jetzt ist nicht mehr die Frage, ob, sondern wann und wo amerikanische Truppen zum Einsatz kommen. Außer Frage steht, dass sich das Land über Nacht in der größten militärischen Konfrontation seiner Geschichte befindet, denn mit seinem Kriegseintritt sind der europäische und der asiatische Krieg zu einem globalen Krieg, dem Zweiten Weltkrieg zusammengewachsen.

Gleich nach Kriegsbeginn werden in den Vereinigten Staaten alle Männer zwischen 20 und 44 Jahren für den Militärdienst registriert. Millionen melden sich freiwillig. Insgesamt kommen bis Kriegsende mehr als 16 Millionen Amerikaner zum Einsatz. Unter ihnen sind auch Henry und Walter Kissinger. Der eine kämpft gegen die Japaner im Pazifik, der andere gegen die Deutschen in Europa. Damit kommt erstmals seit der Flucht der Familie einer der vier zurück. Als Soldat.

Die Geschichte von Heinz und Walter

Zweiter Teil
Die Heimkehr

Es ist ein besonderer Tag. Wie oft ist Henry Kissinger in den vergangenen Jahrzehnten in Deutschland gewesen! Und war nicht jeder Besuch immer auch eine Heimkehr? Aber an diesem 8. Mai 2005 ist einiges anders. Heute jährt sich zum sechzigsten Mal der Tag, an dem das Deutsche Reich bedingungslos kapitulierte. Damit ging, jedenfalls in Europa, der Zweite Weltkrieg zu Ende. Hessens Ministerpräsident Roland Koch hat Henry gebeten, aus diesem Anlass von seinen Erinnerungen an jene Zeit zu sprechen. Die Bitte hat einen guten Grund, denn Henry kam damals als amerikanischer Soldat zurück in das Land seiner Kindheit und frühen Jugend, verbrachte zuletzt „fünfzehn Monate mit der Besatzungsarmee an der Bergstraße und lebte in Heppenheim".

Dennoch ist die Annahme der Einladung nicht selbstverständlich, denn Henry spricht ja, wie er seinen Zuhörern erklärt, „normalerweise nicht von persönlichen Erfahrungen". Aber dieser Tag, „als die Waffen schwiegen", hat eben auch sein Leben nachhaltig verändert. Wie überhaupt jener erste Deutschlandaufenthalt seit der Vertreibung der Familie einen „Wendepunkt" im Leben des Henry Kissinger markiert. Und der alte Mann, der heute in Darmstadt zu den Deutschen spricht, sagt auch, warum das so war.

Bezeichnenderweise tut er das in der dritten Person und dann auch noch im Plural. So gesehen bleibt Henry auch an diesem Tag seinen Grundsätzen treu und wird entgegen seiner eigenen Ankündigung doch nicht persönlich. Statt dessen spricht er von der „Generation derjenigen, die in den 30er Jahren aus Deutschland emigriert waren" und die, „unabhängig von ihren eigenen Erfahrungen während der Nazizeit, eine besondere Beziehung zum Land ihrer Geburt" behielten: „Sie erinnerten sich derjenigen Deutschen, die trotz der Diktatur weiter zu ihnen gehalten hatten." Die Zuhörer ahnen, dass Henry zu ihnen gehört, dass auch er diese Erfahrung gemacht hat. Und Henry weiß, dass er von den Hezners spricht.

Immerhin gibt er in Darmstadt zu Protokoll, dass er sich nach dem Ende seiner offiziellen Dienstzeit „freiwillig" gemeldet habe, „um ein weiteres Jahr zu bleiben". Das tut niemand, der alle Brücken hinter sich gelassen hat, dem das Land und die Menschen, die ihn und seine Familie vertrieben haben, gleichgültig oder gar verhasst sind. Gewiss, eine dauerhafte Rückkehr in seine alte Heimat kam für Henry nie infrage. Dafür war er – sieben oder acht Jahre nach der Emigration – seiner neuen Heimat zu dankbar. Dafür genoss er zu sehr die „Unbeschwertheit", mit der Amerika auch ihn und seine Familie aufgenommen hatte. Dafür schätzte er zu sehr das „bessere Leben", das ihm nach der Flucht aus Deutschland auf der anderen Seite des Atlantiks geboten worden war.

Aber seit Henry Kissinger zum ersten Mal nach seiner Flucht wieder deutschen Boden betreten hat, erfüllt ihn eine Mission, eine Aufgabe – die Pflege der Beziehungen zwischen seiner neuen und seiner alten Heimat. Dass er als Sicherheitsberater und Außenminister mit den Bundesregierungen, namentlich mit der Regierung Willy Brandt, nicht immer pfleglich und mitunter auch nicht gerade zimperlich umgegangen ist, steht auf einem anderen Blatt. Jetzt, nach dem Ende des Kalten Krieges und nach Überwindung des Ost-West-Konflikts, geht es mehr noch als zuvor um ein gutes transatlantisches Verhältnis.

Und gerade die Generation der Emigranten, so erläutert Henry seinen Zuhörern in Darmstadt, wird „daher unruhig, wenn Amerika als imperialistisch, semi-autoritär oder mit anderen Begriffen aus dem Lexikon der anti-amerikanischen Rhetorik angegriffen wird". So gesehen sind die Zeiten wachsender Kritik an der amerikanischen Politik und Kriegführung im Irak keine guten Zeiten für Dünnhäutige. Und Henry Kissinger, der Amerikaner mit deutschen Wurzeln, zählt zu ihnen.

Anfang November 1944 kommt Henry nach Europa. Er ist der erste der Familie Kissinger, der nach ihrer Vertreibung wieder europäischen Boden betritt. Henry kommt als Soldat. Im Februar 1943 ist er zu den Streitkräften der Vereinigten Staaten eingezogen worden. Wie knapp dreißig Jahre zuvor sein Großvater mütterlicherseits kommt auch er damit seiner Pflicht nach. Aber anders als Falk Stern, der während des Ersten Weltkrieges in der deutschen Armee kämpfte und bei seinem Einsatz an der Westfront auch mit amerikanischen Streitkräften in Berührung gekommen sein dürfte, kämpft sein Enkel seit dem Sommer 1944 in der amerikanischen Armee gegen die deutsche Wehrmacht.

Bis es allerdings soweit ist, bis die USA und ihre Verbündeten im Juni 1944 in der Normandie zur größten Invasion der Geschichte ansetzen, gehört Henry Kissinger zu einer Gruppe junger Amerikaner, die nach der Einberufung ein spezielles Ausbildungsprogramm der Armee durchlaufen dürfen. Henry hat Glück – wie später so oft in seinem Leben. Dem Einberufungsbescheid ist er nicht gerade mit Begeisterung nachgekommen. Lieber hätte er weiter die Schulbank des City College in New York gedrückt. Das kann er jetzt mit Hilfe der Armee tun, wenn auch an anderem Ort. Denn er kommt für ein gutes Jahr an das Lafayette College in Easton, Pennsylvania. Das gibt ihm zum einen die Gelegenheit, sich in zwölf Kursen, darunter auch naturwissenschaftliche Disziplinen, umzutun, und zum anderen die Möglichkeit, ab und an übers Wochenende nach New York zu fahren und die Eltern zu besuchen.

Im April 1944 ist es dann allerdings damit vorbei. Henry Kissinger wird der G-Kompanie des 335. Infanterieregiments zugeteilt, das sich in Louisiana mit der 84. Infanteriedivision auf die Landung in Europa vorbereitet. Dort lernt er übrigens Fritz Gustav Anton Kraemer kennen, der als Hitler-Gegner Deutschland verlassen hat und zum Mentor, Förderer und Entdecker des Talents Henry Kissinger wird. Im September erhalten die 20 000 Mann der Division ihren Marschbefehl, und wenig später schiffen sie sich von New York aus nach Frankreich ein. Am 9. November

Der Entdecker: Henry Kissinger während des Zweiten Weltkriegs mit seinem Mentor und Förderer Fritz Kraemer.

1944 überquert die Division – bei Aachen und unter heftigem Feuer – die Grenze zu Deutschland. Die Einheit nimmt an der Abwehr der deutschen Ardennen-Offensive teil, rückt dann auf Hannover vor und befreit unter anderem das Konzentrationslager Ahlem.

Damit ist der amerikanische Soldat Henry wieder in jenem Land, das der deutsche Schüler Heinz sechs Jahre zuvor verlassen hat. Hier dient er zunächst dem kommandierenden General als Dolmetscher und Fahrer, kommt dann zur Abwehrabteilung der Division und wird schließlich zur Gegenspionage abkommandiert. Sechzig Jahre später erinnert er sich: „Der kommandierende General unserer Division ging davon aus, dass ich aufgrund meines deutschen Hintergrundes und der Sprachkenntnisse in der Lage sei, jeden deutschen Spion mit bloßem Auge erkennen zu können. Glücklicherweise wurde diese angenommene Fähigkeit nie auf die Probe gestellt, weil meine Division nie einem deutschen Spion begegnete oder zumindest nie einen enttarnte."

Kaum dass die Kampfhandlungen zu Ende sind, macht sich Henry auf die Suche nach Freunden und Verwandten. Zum Jahresende 1946 reist er sogar mit der Bahn nach Stockholm, wo sein inzwischen sechsundachtzigjähriger Großvater David Kissinger und einer seiner Söhne, Henrys Onkel Arno, die Nazi-Zeit überlebt haben. Zunächst allerdings zieht es ihn in die Gegend, in der er seine Kindheit und einen Teil seiner Jugend verbracht hat. Henry besucht Nürnberg, Fürth und nicht zuletzt Leutershausen.

Dort schaut er wiederholt nach den Hezners und ist erleichtert, als er sie wohlauf findet. Sein Bruder Walter hält es noch sechzig Jahre später für ein „Wunder, dass Karl Hezner die Nazi-Zeit überlebt hat". Die amerikanischen Besatzer sehen das anfänglich ganz anders. Wohl aufgrund einer Denunziation steht Karl Hezner im Verdacht, ein „heimlicher Nazi" gewesen zu sein. Das stellt Henry Kissinger richtig.

So gesehen, kann der älteste Sohn mit seinen Briefen an die Eltern auch gute Nachrichten in die Post nach Amerika geben. Aber das sind Ausnahmen. Was er ansonsten im physisch und emotional zerstörten Deutschland sieht, beschreibt er schon Ende November 1944 in einem Brief nach Hause als „tragisch" – „ungeachtet dessen, was man von den früheren Aktionen der Deutschen hält". Natürlich kann und will er über diese „früheren Aktionen" nicht hinwegsehen, wie er sich noch sechzig Jahre später vor seinen deutschen Zuhörern in Darmstadt erinnert: „Aufgrund der Erlebnisse meiner eigenen Familie und dessen, was wir bei der Befreiung einiger Konzentrationslager erlebt hatten, bestand eine gewaltige emotionale Kluft zwischen Amerikanern und der deutschen Bevölkerung."

Andererseits ist sich Henry Kissinger schon früh sicher, dass es nur dann eine wie immer geartete gemeinsame Zukunft geben kann, wenn man das „Bild von den Deutschen als Feinden" überwindet. Man habe, sagt er noch an seinem Lebensabend, die Deutschen nicht so behandeln können, wie diese die Juden behandelt hätten. Also weist er seine Leute an: „... wir müssen entweder etwas Positives entstehen lassen oder wir werden hier ewig als Chaosverwalter tätig sein ... Unsere Präsenz allein macht uns noch nicht besser; wir sind hier, weil unsere Werte denen der Nazis überlegen sind."

Im übrigen hat die schrittweise Rückkehr zum normalen Leben ihr Gutes – auch für die Besatzer. Zwar sind die Theater nicht geheizt, aber sie spielen wieder, und so besucht Henry „oft und gerne" Vorstellungen in Darmstadt und Heidelberg. Besondere Freude bereitet ihm die Wiederaufnahme der Fußballsaison. So kann Henry mal zu einem Spiel des 1. FC Nürnberg, mal zu einem seines alten Vereins, der Spielvereinigung Fürth, fahren.

Im Juli 1947 ist dann auch das zusätzliche Jahr um, zu dem er sich freiwillig gemeldet hat. Und so kehrt Henry Kissinger zum zweiten Mal innerhalb von neun Jahren Deutschland den

Rücken – diesmal im Flugzeug und mit der Gewissheit, dass er seine alte Heimat wiedersehen wird. Denn dass ihn trotz allem etwas an dieses Land bindet, das weiß er jetzt.

Bei Walter sieht es schon deshalb anders aus, weil er nicht in Europa kämpft. Noch als Achtzigjähriger bekennt er, dass dies für ihn die größte Enttäuschung während des Krieges gewesen sei: Er wollte, sagt er an seinem Lebensabend, unbedingt seinen Beitrag leisten, um Nazi-Deutschland in die Knie zu zwingen. Walter hat sich freiwillig zur Armee gemeldet und kann es kaum erwarten, an die Front zu kommen. Da ist gewiss auch eine Spur Abenteuerlust im Spiel, aber sie ist nicht entscheidend. Walter findet es selbstverständlich, das Land zu verteidigen, das ihm und seiner Familie in schwerster Zeit Zuflucht geboten hat.

Wie Bruder Henry, mit dem er während des Krieges und der sich anschließenden Besatzungszeit brieflich in Verbindung steht, wird auch er zunächst in ein besonderes Ausbildungsprogramm der Armee geschickt, kommt dann zur Infanterie, dient in einer Nachschubeinheit im Pazifik und ist schließlich dabei, als die 10. Armee am 1. April 1945 auf Okinawa landet. Als Admiral Nimitz fast drei Monate später das Ende des japanischen Widerstandes auf der Insel verkündet, liegt hinter den amerikanischen Truppen eine der verlustreichsten Schlachten dieses Krieges.

Walter Kissinger, der es inzwischen zum Captain gebracht hat, kommt heil heraus, wird mit seiner Einheit zu den Besatzungsstreitkräften in Korea abkommandiert und dort der Militärregierung zugeordnet. Hier nimmt ihn Colonel John C. Underwood unter seine Fittiche. Als Mentor und Förderer spielt Underwood in dieser Lebensphase für Walter eine Rolle, die derjenigen Fritz Kraemers im Leben des Bruders vergleichbar ist. Wie sehr Underwood den jungen Mann beeindruckt und wohl auch prägt,

Fürs neue Vaterland: Walter Kissinger als junger Soldat der amerikanischen Streitkräfte zusammen mit seinen Eltern Louis und Paula.

*Der Diplomat: Walter Kissinger in Korea, nach Ende des Zweiten Welt-
kriegs, Mitte der vierziger Jahre.*

zeigt die Tatsache, dass Walter 1967 seinen jüngsten Sohn nach ihm benennt.

Als Walter und John Kissinger Colonel Underwood kurz vor dessen Tod besuchen, schenkt der dem Sohn seines ehemaligen Untergebenen und Schützlings ein Samurai-Schwert, das er aus dem Pazifikkrieg mitgebracht hat und das John Kissinger bis heute in Ehren hält. So bringt der Colonel auch gegenüber dem Sohn jenes Vertrauen zum Ausdruck, das er Jahrzehnte zuvor schon in dessen Vater gesetzt hat. Immerhin überträgt Underwood damals dem gerade einmal Einundzwanzigjährigen den Wiederaufbau der unter japanischer Besatzung verkommenen Kohleindustrie. Damit liegt die Energieversorgung der Zivilbevölkerung in der amerikanischen Besatzungszone Koreas fast zwei Jahre lang in den Händen Walter Kissingers.

Die Besatzungszeit prägt den jungen Mann nachhaltig, schon weil er mit der Diplomatie in Berührung kommt. Denn in seiner neuen Funktion gehört er nicht mehr der Armee, sondern dem Foreign Service des War Department an. Vor allem aber begeistert ihn die große Herausforderung, vor der er jetzt steht und der er sich durchaus gewachsen fühlt.

Beim Rückblick auf sein Leben sagt Walter später vor laufender Kamera, dass im Krieg – so schrecklich er gewesen sei – beide Brüder erstmals eine Art Test zu bestehen hatten und dass die militärische Erfahrung für beide eine große Hilfe gewesen sei, um den Weg ins Leben zu finden.

Sie lässt in Walter den Wunsch keimen, auch beruflich eine führende Position mit entsprechend hoher Verantwortung zu bekleiden. So gesehen und daran gemessen, wäre ein Leben im New Yorker Immigrantenmilieu auf Dauer einem sozialen Abstieg gleichgekommen. Vorerst jedoch kehrt er dorthin zurück. Kurz vor Weihnachten 1947 und wenige Monate nach seinem Bruder Henry ist Walter – ausgezeichnet mit der Decorated Commendation Medal – wieder zuhause.

Die Eltern sind glücklich, dass ihre beiden Söhne den Krieg überlebt haben, und das unversehrt. Als Henry und Walter ins Feld ziehen, bleiben sie mit ihren Sorgen allein zurück. Die Angst um die Kinder wird verstärkt durch die Nachrichten aus Europa. Schlimm genug, dass sie schon seit Jahren nichts für die in Deutschland Zurückgebliebenen tun können, treffen jetzt auch noch Meldungen ein, die Louis und Paula Kissinger – wie so viele in ihrer Situation – zunächst nicht glauben wollen, weil sie sie nicht glauben können. Aber dann verdichten sich die Informationen über Vernichtungslager und Vergasungsanlagen zu brutaler Gewissheit.

Die seelische Belastung ist schier unerträglich, und vor allem Louis verharrt während der Kriegsjahre in einer depressiven Stimmung. Gut möglich, dass die Schmerzen in der Magengegend deshalb nicht weichen wollen, dass sie sogar noch zunehmen. Bald kann er nicht mehr arbeiten. Als die Ärzte schließlich einen Bauchspeicheldrüsenkrebs diagnostizieren, ist auch Paula der Verzweiflung nahe. Nicht nur pflegt sie seit Jahren ihren Mann, auf ihren Schultern ruht auch die Versorgung der Familie. Um über die Runden zu kommen und wohl auch um nicht zu vereinsamen, vermietet sie zeitweilig ein Zimmer ihrer Wohnung.

Als 1945 eine Operation des Vaters unabwendbar wird, kommt Henry für einige Tage auf Heimaturlaub, um den Eltern beizustehen. Der irische Arzt, der den Eingriff vornimmt, rettet den schwerkranken Mann und hat dann auch noch eine gute Nachricht für ihn und seine Familie: Nicht ein Krebs, sondern eine entzündete Gallenblase war die Ursache der jahrelangen Schmerzen. So kommt Louis Kissinger langsam auf dem Weg der Genesung voran, und als seine Söhne heimkehren, ist er weitgehend wiederhergestellt.

Henry Kissinger ist 24, als er aus Deutschland zurückkehrt. Gewiss, er hat sich für ein zusätzliches Jahr freiwillig gemeldet. Aber für einen ehrgeizigen Mann mit akademischen Ambitionen sind Krieg und Besatzung eine verlorene Zeit. Und Henry ist ehrgeizig. Im Herbst 1947 nimmt er an der renommierten Harvard Universität in Cambridge, unweit von Boston, das Studium auf. Henry belegt zunächst Regierungslehre, ein Fach, das so nur in Amerika angeboten wird, außerdem Geschichte, Mathematik, Französisch und Chemie, später auch noch Philosophie. Unter dem Eindruck von William Yandell Elliott, der nach Fritz Kraemer zu seinem zweiten großen Förderer wird, konzentriert er sich aber bald ganz auf die Regierungslehre und schließt das Studium mit einer monumentalen Arbeit über „Die Bedeutung der Geschichte" ab.

Während er an seiner Abschlussarbeit schreibt, ehelicht Henry Kissinger im Februar 1949 Anneliese Fleischer, die er Anfang der vierziger Jahre kennengelernt hat. Sie ist gebürtige Nürnbergerin, also in der unmittelbaren Nachbarschaft von Henrys Heimatstadt Fürth aufgewachsen, bis auch sie und ihre Familie das Land verlassen mussten. Henry heiratet die musik- und literaturbegeisterte Frau in der elterlichen Wohnung in Washington Heights und nach orthodoxem jüdischen Brauch. Die Ehe geht 1962 auseinander. Zwei Jahre später lassen sich die beiden scheiden, bleiben aber schon wegen der gemeinsamen Kinder in Verbindung.

1959 wird Tochter Elisabeth geboren, 1961 der Sohn, der nach Henrys Großvater väterlicherseits David genannt wird. Elisabeth entscheidet sich später für den Arztberuf. David studiert an der New York University und in Yale, arbeitet zunächst als Journalist und Anwalt und schlägt dann die Karriere eines TV-Produzenten ein, mit Stationen unter anderem bei Walt Disney Television und zuletzt als Präsident der Universal Television Productions. Inzwischen sind Elisabeth und David selbst Eltern, und Henry Kissinger ist stolzer Großvater von fünf Enkeln.

Als seine Kinder geboren werden, steht Henry Kissinger bereits im Zenit seiner ersten, der wissenschaftlichen Karriere. Das Fundament hat er unmittelbar nach Abschluss seines Studiums

Stolz: Henry Kissinger mit Vater Louis bei der Promotionsfeier in Harvard, 1954.

gelegt. Einerseits sitzt er an seiner Dissertation, wird auch im Mai 1954 mit einer Arbeit über das europäische Staatensystem nach der Niederwerfung Napoleons promoviert, die Furore macht und Jahre später unter dem Titel „Großmachtdiplomatie. Von der Staatskunst Castlereaghs und Metternichs" auch in Deutschland als Buch erscheint. Andererseits wäre Henry nicht Henry, würde er nicht gleichzeitig eine Fülle von Aktivitäten an den Tag legen. So ruft er 1952 eine eigene Zeitschrift – *Confluence, Mündung* – ins Leben und gewinnt so ziemlich alles an Autoren, was damals Rang und Namen hat oder bald einen solchen haben wird.

Kaum eine andere Initiative aber ist für seine weitere Karriere von solchem Nutzen wie das Internationale Seminar. Mit Hilfe seines Mentors Elliot, der auch Direktor des Sommerkurses der Universität ist, begründet und betreibt Henry, der damals noch Graduate-Student ist, seit 1951 dieses jährliche Treffen junger Karrieristen aus aller Welt. Bis er 1969 ins Weiße Haus wechselt, bildet das Seminar den Mittelpunkt seiner vielfältigen Aktivitäten. Eine ganze Generation künftiger Staats- und Ministerpräsidenten, Außenminister, Bankiers und Publizisten ist über die Jahre auf Einladung Henry Kissingers in Cambridge zu Gast. Ein beispielloses Netzwerk.

Aber auch das füllt den Mann noch nicht aus. Er will nach Übersee, nach Asien und Europa. Im Sommer 1952 reist er – wieder einmal – nach Deutschland, jetzt als Graduate Student und zugleich als Direktor seines Internationalen Seminars in Harvard. An Rhein und Ruhr trifft der nicht einmal Dreißigjährige mit Vertretern der gerade wieder durchstartenden deutschen Industrie zusammen, und dass er mit einigen von ihnen bei Krupp, Deutschlands führender Rüstungsschmiede während der ersten Jahrhunderthälfte, zu Tisch sitzt, ist ihm einige ironische Zeilen an die Eltern wert.

Betritt Henry Kissinger bei seinen Deutschland-Visiten vertrautes Terrain, so erschließt er sich auf seiner Asien-Reise neue Horizonte. Schon 1951 geht er im Auftrag des Operations

Research Office nach Korea, um den Einfluss der amerikanischen Truppen auf die Zivilbevölkerung zu untersuchen. Denn erstmals seit Ende des Zweiten Weltkrieges befinden sich die Vereinigten Staaten wieder in einem Krieg, jetzt allerdings im Auftrag der im Juni 1945 gegründeten Vereinten Nationen. Mit ihrer Entscheidung, Sanktionen gegen Nordkorea zu verhängen und ein gemeinsames Oberkommando unter Führung der USA einzurichten, hat die UNO den Überfall des kommunistischen Nordens auf den Süden der Halbinsel beantwortet, der am 25. Juni 1950 den sogenannten Korea-Krieg einläutet.

Die Haltung des Westens ist deshalb so entschieden, weil die nordkoreanischen Einheiten nach wenigen Tagen Seoul, die Hauptstadt Südkoreas, einnehmen und weil man in den westlichen Metropolen davon ausgeht, dass die Sowjetunion und namentlich der Diktator Josef Stalin die eigentlichen Drahtzieher sind. So gesehen wird in Korea der erste Krieg zwischen der freien und der kommunistischen Welt ausgetragen. Als er schließlich mit einem Waffenstillstand zu Ende geht, der im Wesentlichen den alten Status quo wiederherstellt, sind mehr als drei Jahre ins Land gegangen, beinahe 160 000 Amerikaner sind gefallen, wurden verwundet oder gelten als vermisst.

Damit hat zunächst kaum jemand gerechnet, auch Walter Kissinger nicht, der sich freiwillig für den Einsatz in Korea meldet. Walter geht davon aus, dass es sich beim Engagement der Amerikaner um eine begrenzte Polizeiaktion handelt, und will seine während der Besatzungszeit in Korea erworbenen Kenntnisse einbringen. Allerdings kommt er dann nicht zum Einsatz, betritt im Unterschied zu Bruder Henry nicht einmal den Kriegsschauplatz. Die Enttäuschung hält sich in Grenzen, kann er doch sein Studium fortsetzen.

Zum Jahresende 1947 aus Korea heimgekehrt, ist Walter Kissinger dem Rat seines Mentors Underwood gefolgt, hat sich um ein Stipendium der Armee beworben und damit an der renommierten Woodrow Wilson School of Public and International Affairs der Universität Princeton das Studium aufgenommen. Wer hier herkommt, hat ein Auge auf den diplomatischen Dienst geworfen. So auch Walter, der an seiner Tätigkeit im Foreign Service des War Department Gefallen gefunden hat und sich auf eine Karriere im auswärtigen Dienst des Landes vorbereitet.

Im Frühjahr 1951 schließt er das Studium mit dem Titel eines Bachelor of Arts und einer Arbeit über die russische Fernostpolitik der Jahre 1895 bis 1904 ab. So gesehen lässt ihn Korea auch jetzt nicht los. Denn auch in dem Jahrzehnt nach dem chinesisch-japanischen Krieg, um das es in Walters Arbeit geht, hat die internationale Auseinandersetzung um dieses Land eine entscheidene Rolle gespielt. Dass Walter seine Arbeit, die ja vor dem Hintergrund des Korea-Krieges entsteht, mit einem aktuellen Ausblick abschließt, überrascht nicht. Es sind die Schlussfolgerungen, die den heutigen Leser verblüffen.

Denn Walter Kissinger ist 1951 nicht nur überzeugt, dass hinter der sowjetischen Expansionspolitik weniger ideologische, als vielmehr handfeste machtpolitische Interessen stecken; er ist sich auch sicher, dass die USA langfristig einen Keil zwischen die beiden kommunistischen Vormächte, also die Sowjetunion und die Volksrepublik China, treiben müssen. Damals kämpfen weit über eine halbe Million Soldaten aus Maos Volksrepublik auf Seiten Nordkoreas und damit gegen Amerika und seine Verbündeten. Als es schließlich Anfang der siebziger Jahre soweit ist, als die USA tatsächlich den Gegensatz zwischen Moskau und Peking für ihre Interessen nutzen, führt Walters Bruder Henry in der amerikanischen Diplomatie die Regie.

Hingegen hat sich Walter längst anderen Horizonten zugewandt. Denn während er sein Studium abschließt, erreicht in Amerika die Furcht vor einer kommunistischen Unterwanderung ihren Höhepunkt. Anfang 1950 hat der republikanische Senator

Joseph R. McCarthy behauptet, im State Department seien mehr als 200 Kommunisten identifiziert worden. Seither wird das Land von einer Welle der Panik und Hysterie überrollt. Als auch einige von Walters Mitstreitern aus der Besatzungszeit in Korea in die Mühlen der Verdächtigungen geraten, reicht es ihm.

Walter Kissinger sagt dem Gedanken an den auswärtigen Dienst Ade, geht nach Harvard, wo inzwischen Bruder Henrys Stern zu glänzen beginnt, schließt das Studium an der Business School 1953 mit dem Master of Business Administration ab, und macht dann rasch in der Wirtschaft Karriere. Beginnend mit einem Posten als Vorstandsassistent in Ohio, sieht er sich zunächst bei großen Konzernen um, findet daran aber keinen rechten Gefallen. Vor allem die Tendenz, „auf Nummer sicher zu gehen", widerspricht seiner unternehmerischen Neugier und seinem Naturell. Walter sucht das Risiko – im Sport und im Geschäft.

Als sich ihm 1957 die Chance bietet, die vor dem Bankrott stehende Elektrofirma Advanced Vacuum Products zu übernehmen, greift er zu. Die Firma hat damals gerade einmal ein Dutzend Mitarbeiter und setzt 50 000 Dollar um. Als er sie vier Jahre später wieder verlässt, hat er den Betrieb saniert, mit einem passenden von ähnlicher Größe fusioniert und den Umsatz um das Zweihundertfache erhöht. Er selbst ist mit 38 ein gemachter Mann, und Henry ist, wie Walter an seinem Lebensabend formuliert, als „mein Bruder bekannt".

Kein Wunder, dass er sich die Angebote aussuchen kann; kein Wunder auch, dass er Ende der sechziger Jahre über Alternativen zum Geschäftsleben nachdenkt. Zur Debatte stehen der Rückzug ins Privatleben – oder aber eine Rückkehr in den öffentlichen, den diplomatischen Dienst. Da sich aber keine rechte Gelegenheit bietet, bleiben der Welt, wie Walter in hohem Alter mit einem ironischen Seitenblick auf den Bruder resümiert, „zwei Kissingers erspart".

Eng verbunden: Paula Kissinger mit ihrer Schwiegertochter Genie,
der Frau von Walter, Mai 1989.

Frohes Fest: Paula Kissinger (rechts) und ihr Mann Louis (dritter von
links) feiern zusammen mit Sohn Walter, Schwiegertochter Genie und
ihren Kindern in deren Zuhause.

Zu den einschneidenden Erlebnissen im Leben des Walter Kissinger gehört die Begegnung mit Eugenie VanDrooge, genannt „Genie". Die aus einer Familie holländischer Einwanderer stammende junge Frau hat an der St. Lawrence University, Canton/New York, neben Philosophie und Deutsch vor allem Wirtschaft studiert, ist zwischenzeitlich für ein Jahr an die Amsterdamer Universität gegangen und hat 1954 ihr Studium mit dem Grad eines Bachelor abgeschlossen. Nach praktischen Lehrjahren, unter anderem in der Unternehmensberatung, krönt sie ihre Ausbildung 1957 mit einem Abschluss im Rahmen des „Radcliffe Program in Business Administration" in Harvard, der insoweit besondere Beachtung verdient, als die renommierte Ostküstenuniversität dieses Programm durchführt, bevor an ihrer Business School Frauen offiziell zum Studium zugelassen sind.

Am 4. Juli 1958 heiraten Eugenie VanDrooge und Walter Kissinger – heimlich und allein. Beide Familien sind gegen die Liaison, denn Genie ist bedeutend jünger als Walter, außerdem Protestantin. Vor allem „Papa K" und „Mama K" haben damit ihre Probleme. Aber dann finden Paula Kissinger und ihre Schwiegertochter doch bald zu einem sehr engen Verhältnis. Noch heute spricht Genie mit größter Wärme von Walters Mutter, erzählt von ihrem offenen Wesen und ihrer Fähigkeit, ohne Vorurteile und Dünkel auf Menschen zuzugehen – ganz gleich, welche Rolle sie im gesellschaftlichen Leben spielen. So erinnert sich Genie lebhaft an jene Szene, als Paula anlässlich der Beförderung Henrys in den englischen Ritterstand erstmals Prinzessin Diana begegnet und ihre populäre Tischnachbarin mit den Worten begrüßt: „Sie sind ja noch viel hübscher als auf den Bildern!"

Im Laufe der Jahre wird die Schwiegermutter zu Genies enger Vertrauter, zu ihrer „Klagemauer". Wann immer Walter etwas tut, was ihr nicht passt, schüttet sie Paula ihr Herz aus, und die zögert nicht, für ihre Schwiegertochter Partei zu ergreifen: „Gib ihn zurück", rät sie Genie dann, und die lächelt noch im hohen

Goldene Hochzeit: Louis und Paula Kissinger feiern 1972 in der Schweiz ihre Goldene Hochzeit. Von links nach rechts, hintere Reihe: Genie und Walter Kissinger, Arno Kissinger, der Bruder von Louis, Henry Kissinger mit seinen Kindern David und Elisabeth. Vorne von links nach rechts: Paula und Louis Kissinger mit Schwägerin Erika Kissinger.

Alter, wenn sie von dieser Geschichte erzählt. Paula, sagt Genie nach deren Tod, lebe nicht nur in ihrer und Walters Erinnerung fort, sondern auch in der ihrer Kinder.

Viermal werden die beiden Eltern. Bill, der 1960 als erster das Licht der Welt erblickt, folgt insofern den Spuren des Vaters, als er nach dem Studium der Regierungslehre in Princeton und dem Jurastudium in Berkeley einige Zeit im öffentlichen Dienst tätig ist, zunächst während der Clinton-Administration im State Department, dann als Assistent des Gouverneurs von Kalifornien. Aber dann macht Bill doch als Partner einer großen Anwaltskanzlei Karriere. John, der 1967 geborene jüngste Sohn von Walter und Genie Kissinger, hat eine Reihe von Universitätsdiplomen in der Tasche, darunter von Princeton und Harvard, ist wie seine Frau begeisterter Schauspieler und übt mit Leidenschaft seinen Lehrerberuf aus. Tochter Dana, die 1964 zur Welt kommt und wie der Vater intensiv Sport betreibt, hat von den Geschwistern das internationalste Profil. Nicht nur hat sie nach ihrem Studium vor allem des Russischen ein Jahr in Genf verbracht, sie ist auch beruflich für das International Bureau of Standards ständig in der Welt unterwegs, und sie spricht mehrere Fremdsprachen fließend, darunter Deutsch.

Hingegen sind die Deutschkenntnisse ihrer Brüder eher rudimentär, aber mehr oder weniger intensiv gelernt haben sie die Muttersprache ihres Vaters schon deshalb, weil Walter darauf Wert legte. So kommen sie auch mit der Welt der Großmutter in Verbindung, insbesondere Tom, der 1962 geborene zweite Sohn Walters. Beruflich ist Tom wie sonst keines seiner Geschwister in die Fußstapfen des Vaters getreten, hat wie dieser zunächst europäische Geschichte in Princeton studiert, danach in Harvard Betriebswirtschaft. Heute arbeitet er im Vorstand eines Pharmakonzerns. Mit zunehmendem Alter interessiert sich Tom immer stärker für die Geschichte Paulas und damit auch für die seiner Eltern. Während ihrer letzten Lebensjahre besucht er die

Großmutter regelmäßig, meist einmal die Woche – in der Regel freitags, am Sabbat. Nach ihrem Tod trägt Tom Kissinger dafür Sorge, dass die Papiere, die das Leben Paulas und ihrer Familie dokumentieren, sicher aufgehoben sind.

Natürlich herrscht auch in der Großfamilie Kissinger nicht nur eitel Sonnenschein. So will der Großmutter nicht in den Kopf, dass ihre Schwiegertochter Enkelin Dana nicht in die Kunst des Kochens einführt. Also macht sich Paula, die ja ihre eigene Familie für einige Zeit mit dem Kochen durchgebracht hat, selbst ans Werk, gibt aber nach wenigen Stunden auf: „Du hast recht", sagt sie zu Genie, „das ist nichts für sie."

Schwerer wiegen die Differenzen über die religiöse Erziehung der Kinder. Dass Walter und Genie die Entscheidung über ihre religiöse beziehungsweise kirchliche Bindung den Kindern selbst überlassen wollen, ist für Louis Kissinger nicht akzeptabel, bricht ihm, wie Paula später sagt, das Herz. Auch sie tut sich mit dem Gedanken schwer, versucht aber, so gut es geht, mit ihm zu leben, weil ihr die enge Beziehung zu Walter, Genie und den Kindern wichtig ist.

Für Louis Kissinger hat der Glaube über die Jahre und Jahrzehnte nicht nur nichts von seiner Kraft verloren, sondern ganz im Gegenteil an Bedeutung gewonnen. In den schlimmen, den beinahe aussichtslosen Zeiten war er die nie versiegende Quelle der Hoffnung und der Zuversicht, und seit er in Amerika lebt, ist der Glaube zugleich die Brücke zur Vergangenheit. Wenn es etwas gibt, das ihn geistig, seelisch und emotional an die alte Heimat bindet, dann ist es die feste Verankerung in diesem Glauben, der ihm dort gewiesen wurde und der dort zur Reife gediehen ist; und wenn es einen Ort gibt, der das spüren lässt, dann sind es die Gräber der Ahnen.

Die Söhne fühlen das und überzeugen die Eltern – auch deshalb – bald nach dem Krieg von einem Besuch Deutschlands.

Auf dem Gipfel: Henry Kissinger (rechts) mit seinen Kindern David (rechts vorne) und Elisabeth (sitzend rechts) sowie Bruder Walter und dessen Kindern John (zweiter von links) und Dana in den Schweizer Bergen bei Laax, 1972.

Das verlangt Fingerspitzengefühl und Geduld. Immerhin haben Louis und Paula Kissinger während des deutschen Vernichtungs-feldzuges gegen das europäische Judentum viele ihrer engsten Angehörigen verloren, und namentlich der Vater trägt schwer an der Erinnerung, dass er damals nichts hat tun können, um seine drei Schwestern vor der Deportation zu bewahren und ihr Leben zu retten. Aber dann geben sie dem Drängen der Söhne doch nach. 1952 unternehmen Louis und Paula Kissinger ihre erste größere Reise nach Europa, um die Gräber ihrer Angehörigen zu besuchen.

Soweit sich die Gräber finden lassen. Die meisten Mitglieder der Familien Kissinger und Stern sind ja nach Izbica deportiert und von dort wahrscheinlich in die Gaskammern von Sobibor und Belzec geschickt worden. So werden die jüdischen Friedhö-fe von Bechhofen, Ermershausen und Fürth zu den Orten, an die Louis, Paula, Henry und Walter Kissinger zurückkehren, wenn sie in ihrer alten Heimat sind. Da die jüdische Gemeinde Leuters-hausen über keinen eigenen Friedhof verfügt, trägt sie wie andere Gemeinden der Umgegend ihre Verstorbenen auf dem jüdischen Friedhof nordwestlich von Bechhofen zu Grabe, der Ende des 16. Jahrhunderts angelegt worden ist. Hier findet sich auch das Grab von Peppi Stern, Paulas Mutter.

Auf dem jüdischen Friedhof von Ermershausen, der Mitte des 18. Jahrhunderts angelegt worden ist, hat Karolina Kissinger, die Mutter von Louis, ihre letzte Ruhe gefunden, und auf dem neuen jüdischen Friedhof in Fürth ist Falk Stern, Paulas Vater, beigesetzt. Weil der alte, der 1607 an der Schlehstraße eröffne-te Friedhof gegen Ende des 19. Jahrhunderts an seine Grenzen stieß, erhielten die Fürther Juden an der Erlanger Straße ein neues Gelände. Hier findet sich das schlichte Grab von Falk Stern. Es wird zu dem zentralen Ort, an dem Louis und Paula Kissinger und ihre Söhne der Toten gedenken.

Natürlich zieht es Louis und Paula, als sie 1952 nach Deutsch-land reisen, nicht nur zu den Gräbern der Ahnen. Sie wollen auch die Menschen wiedersehen, die in den schweren Zeiten bis zu ihrer Flucht stets zu ihnen gehalten haben. Die Verbindung zu den Hezners ist nie abgerissen und zuletzt vor allem durch Henry gehalten worden. Jetzt kommen Louis und Paula Kissinger nach Leutershausen. Es ist der erste Besuch seit ihrer Vertreibung, und er ist wichtig. Das haben die Söhne richtig gesehen.

Fortan sind die Reisen nach Europa, auch nach Deutschland, für die beiden kein unüberwindbares Hindernis mehr; aber gerne kommen sie nicht. Eigentlich ist es nur der Kontakt zu den Hezners, der Louis und Paula Kissinger – gelegentlich in Begleitung eines ihrer Söhne – während der fünfziger Jahre noch das ein oder andere Mal nach Fürth und Leutershausen führt. Danach meiden sie jene Gegend, „wo einst die Heimat war", wie es auf einem Foto aus jenen Jahren heißt.

Obgleich sie dann die Sommer in der Schweiz zu verbringen pflegen – die Winter übrigens in Puerto Rico, weil Sohn Walter dort häufig aus beruflichen Gründen weilt –, kehren Louis und Paula Kissinger bis 1975 nicht mehr in ihre alte Heimat zurück. Nunmehr reisen Karl und Babby Hezner, aber auch ihre beiden Töchter mit ihren Familien, ihrerseits des öfteren nach Flims, um sich mit Paula und Louis Kissinger in den Schweizer Bergen zu treffen. Einmal verabreden sich die Familien noch in Deutschland: Ende August 1972 kommt es zu einem Wiedersehen auf dem Stuttgarter Hauptbahnhof.

Auch Walter zieht es oft nach Deutschland, später schon deshalb, weil die Geschäfte das erfordern. Ähnlich Henry. Den führen seine beruflichen Wege schon während der fünfziger Jahre immer häufiger hierher. Wie die Eltern, der Bruder oder auch sein Onkel Karl besucht auch er in dieser Zeit einmal Ermershausen; vor allem aber nutzt er damals die Gelegenheit berufsbedingter Deutschlandbesuche für Abstecher nach Leutershausen.

*Unter Freunden: Henry Kissinger mit seiner ersten Frau Anne in den
50er Jahren zusammen mit der Familie Hezner im ehemaligen Garten
seines Großvaters Falk Stern in Leutershausen. Von links nach rechts:
Willy Häffner, Erika Bickert, Henry Kissinger, Lore Häffner, „Babby"
Hezner, Anne Kissinger, Karl Hezner. Vorne: die Enkel von „Babby" und
Karl Hezner.*

Einmal kommt er auch mit seiner Frau Anne, um ihr die Stätte der Kindheit zu zeigen. Allerdings betritt er sie nie wieder. Anders als Bruder Walter, der sich Haus und Hof gerne aus der Nähe anschaut, bleibt Henry auf Distanz: Er zieht es vor, das großelterliche Anwesen vom Fenster des gegenüberliegenden Rathauses aus zu betrachten. Seit den ausgehenden fünfziger Jahren stehen solche Visiten dann ohnehin nicht mehr zur Debatte – weil der Vielbeschäftigte nicht mehr die Zeit findet, und weil seine Wege inzwischen von der Öffentlichkeit interessiert verfolgt werden. Auch in Deutschland.

In Amerika ist das schon seit Mitte der fünfziger Jahre der Fall. Mit einem Aufsatz, den Henry Kissinger im Frühjahr 1955 in *Foreign Affairs* publiziert – einer Zeitschrift, die nicht wenigen zu einem Karriereschub verholfen hat – schafft er den Durchbruch. Seine Arbeit, die der aktuellen Nuklearstrategie einer massiven Vergeltung das Konzept eines lokal begrenzten, „kleinen" Nuklearkrieges entgegensetzt, bringt Henry Kissinger mehrere Angebote ein.

Darunter sind zwei von namhaften Universitäten, die er ablehnt, und das Angebot des renommierten New Yorker Council on Foreign Relations, des Rats für auswärtige Beziehungen, das er annimmt. Dort leitet Henry seit 1955 die Studiengruppe „Kernwaffen und Außenpolitik". Als er diese Arbeit 1957 mit einem gleichnamigen Buch abschließt, das zum Bestseller wird, bringt er es auf die Titelseite der *New York Times* und ist mit nicht einmal Mitte dreißig ein gemachter Mann.

Inzwischen ist nämlich auch Nelson Aldrich Rockefeller auf den ehrgeizigen Jungstar aufmerksam geworden. Der Sohn des Ölmagnaten John D. Rockefeller Jr., damals einer der außenpolitischen Berater von Präsident Dwight D. Eisenhower, betraut ihn im Frühjahr 1956 mit der Leitung eines Studienprojektes und heuert ihn nach dessen Abschluss als freien Berater an. Nach Fritz Kraemer und William Elliot findet Henry Kissinger in Nelson Rockefeller seinen dritten Förderer. Bis er 1969 zu

Nixon geht, hat er diesen gut dotierten Beraterjob – und damit ein zweites Standbein neben der Universitätslaufbahn, in die er nach Abschluss seiner Arbeit am New Yorker Council zurückkehrt: Seit 1959 ist er Associate Professor, seit 1962 Full Professor, also ordentlicher Professor, in Harvard.

Ende der fünfziger Jahre hat sich Henry Kissinger weit über die akademische Sphäre hinaus einen Namen gemacht – in Amerika, aber auch in Deutschland. In den kommenden Jahren wird er hier zu einem häufig gesehenen Gast. Selbstverständlich ist das nicht. Es gibt Emigranten, die nie mehr ihren Fuß auf deutschen Boden gesetzt haben, geschweige denn eine intensive Beziehung zu dem Land aufgebaut oder gar seine Ehrungen und Auszeichnungen entgegengenommen haben.

Bei Henry Kissinger ist das anders, weil er ehrgeizig ist und in seinen deutschen Wurzeln eine Chance für seine Karriere sieht, weil er vor allem in seinen späteren politischen Ämtern Deutschland ohnehin nicht umgehen kann, und weil er auf seine Weise früh mit dem abgeschlossen hat, was gewesen ist, ohne es zu vergessen. Wenn er sich in den kommenden Jahren und Jahrzehnten in Deutschland äußert, schweigt er – von dieser oder jener Bemerkung abgesehen – von dem Unrecht und dem Schmerz, die ihm hier einmal zugefügt worden sind.

„Ich bin in Deutschland unter schmerzlichen Umständen aufgewachsen. Dennoch habe ich trotz des Traumas jener Jahre immer eine tiefe Zuneigung zum Land meiner Jugend aufrechterhalten." Mehr als hier in Aachen, wo ihm Ende Mai 1987 der Internationale Karlspreis verliehen wird, sagt er zu diesem Thema nie. Keine Anklage, keine Verurteilung. Allenfalls die Aufforderung, gemeinsam daran zu arbeiten, dass sich so etwas niemals und nirgends wiederholt.

Das ist bemerkenswert und durchaus nicht selbstverständlich. Es gibt andere Fälle – Menschen, denen wie diesem Mann in Deutschland großes Unrecht widerfahren ist, Menschen, die es gerade noch geschafft haben, als Kinder aus dem Land herauszukommen, Menschen, die danach in Amerika eine große Karriere gemacht haben. Mancher hat der Versuchung nicht widerstehen können, sich mit erhobenem Zeigefinger zu einer Art deutschen Gewissens aufzuschwingen und mit der permanenten unterschwelligen Anklage ein Geschäft zu machen. Wohl wissend, dass in der Bundesrepublik kein Widerstand gegen diesen Auftritt zu erwarten war.

Henry Kissinger hat dieser Versuchung, wenn er sie denn je gespürt haben sollte, ohne Wenn und Aber widerstanden. Natürlich konnte er sich dank seiner Qualitäten und Qualifikationen auch so jederzeit Gehör in Deutschland verschaffen. Dennoch bleibt die Entscheidung beachtlich. Vielleicht ist diese Selbstbeschränkung, diese konsequente Abstinenz von rückwärtsgewandter Verurteilung aber auch die Voraussetzung gewesen, um sich nach der Katastrophe wieder dem Land zuzuwenden, es besuchen, sogar seine Einladungen annehmen zu können.

Im Januar 1959 reist Henry Kissinger auf Einladung des Außenministers Heinrich von Brentano drei Wochen durch die Republik. Auf dem Programm stehen Düsseldorf, Berlin, Hamburg, Frankfurt, Koblenz, Bonn, München und von dort als Abstecher: Fürth. Nicht zum ersten Mal seit seiner Zeit als Sergeant der amerikanischen Besatzungsarmee kommt der Fünfunddreißigjährige nach Franken. Anders als bei seinen letzten Besuchen ist er dieses Mal allerdings ein bekannter Mann.

„Professor Henry A. Kissinger, 35, Associate Director des Center for International Affairs der Harvard Universität, Autor historisch- und politisch-wissenschaftlicher Bücher und Artikel, Berater der US-Politik und des US-Militärs, Erfinder des ‚Begrenzten Krieges' im nuklearen Zeitalter, gebürtiger Fürther" – wie ihn die *Fürther Nachrichten* ankündigen – bleibt einen Tag,

beehrt den Stadtrat mit seinem Besuch, geht abends ins Stadttheater und gibt im übrigen zu Protokoll: „Ich glaube, ein Teil
des Einflusses, den ich in den USA gewinnen konnte, kommt daher, dass meine Jugend mir auch die Perspektive einer anderen
Welt mitgegeben hat."

Henry weiß also, dass seine Biographie auch ein Pfund ist, mit
dem sich wuchern lässt. Und so bleibt es nicht bei diesem Besuch der Bundesrepublik, wenn er auch Fürth lange nicht wiedersehen wird. Schon im Mai 1961, als sich die Krise um Berlin
gefährlich zuspitzt, ist er wieder in Bonn, diesmal in offizieller
Mission. Amerikas Präsident John F. Kennedy hat ihn zu Gesprächen mit Konrad Adenauer an den Rhein geschickt.

Der greise erste Kanzler der Bundesrepublik hält zwar von den
jungen Intellektuellen im Umfeld des gleichfalls sehr jungen amerikanischen Präsidenten wenig, ist aber von diesem „Professor
Kissinger" durchaus angetan. Denn der nicht einmal Vierzigjäh-
rige lässt durchblicken, dass er Adenauer für den „größten deutschen Staatsmann seit Bismarck" hält, wie er noch Anfang der
neunziger Jahre schreibt, und das gefällt dem alten Herrn natürlich. Außerdem kann der Emissär dem Kanzler die komplizierte
Nuklearstrategie der Amerikaner erstens kompetent und zwei-
tens in seiner Sprache erläutern – nimmt Adenauer jedenfalls an.

Aber dann stellt sich heraus, dass Henrys Deutsch zwar gut
genug für fußballerische, nicht aber für nukleare Fachfragen ist.
Also wird ein Dolmetscher hinzugezogen. Als der nach
Kissingers Abreise dem Alten die Aufzeichnung über das Gespräch gibt, weist Adenauer ihn an, sie zu vernichten. Er hatte
seinem Gast versprochen, nichts von dessen sprachlichen Schwie-
rigkeiten nach außen dringen zu lassen. Zwanzig Jahre später
erzählt der Dolmetscher Henry die Geschichte, und der wiederum macht sie 1998 öffentlich, als er wieder einmal in Deutschland weilt und sich – in Fürth und in ziemlich holprigem
Deutsch – für die Ehrenbürgerwürde der Stadt bedankt.

Während der fünfziger und sechziger Jahre wollte Henry Kissinger aus diesem oder jenem Grund immer wieder einmal nach Deutschland reisen. Während der siebziger Jahre muss er seiner alten Heimat – mehr oder weniger regelmäßig und in offizieller Funktion – Besuche abstatten. Denn mit der Amtseinführung des neuen Präsidenten Richard Nixon bezieht Henry die Führungsetage der amerikanischen Politik. Er bleibt dort, bis Nixons Nachfolger Gerald Ford nach verlorener Wahl das Weiße Haus räumt. Selbstverständlich ist das schon deshalb nicht, weil sich Nixon und Kissinger vor dessen Amtsantritt nie begegnet sind. Henry Kissinger ist ja über viele Jahre Berater und Vertrauter Nelson Rockefellers, Nixons Rivalen in der republikanischen Partei, gewesen. Dass der ihn jetzt holt, spricht für den Ruf, der dem Professor inzwischen vorauseilt.

Acht Jahre, vom 20. Januar 1969 bis zum 20. Januar 1977, sitzt der jüdische Immigrant deutscher Abstammung an den Schaltstellen der Weltmacht USA. Bis November 1975 hat Henry Kissinger das Amt des Nationalen Sicherheitsberaters inne, das er auf eine Art und Weise ausfüllt, wie niemand vor und kaum jemand nach ihm. Wenn William Rogers, der amtierende Außenminister, Glück hat, wird er im Nachhinein ins Bild gesetzt, was der Präsident und sein Sicherheitsberater – nicht selten mit den Mitteln der Geheimdiplomatie – vorbereitet oder schon ins Werk gesetzt haben. Als Rogers im September 1973 resigniert das Handtuch wirft, wird Henry auch Außenminister: Er ist der 56. Außenminister der Vereinigten Staaten, zugleich der erste nicht in diesem Land geborene.

Die gesamte Familie, der „ganze Kissinger Clan", wie seine Mutter sagt, ist dabei, als er am 22. September 1973 den Eid ablegt. Die Eltern kennen die Washingtoner Szene. Zuletzt sind sie im Januar dort gewesen, anlässlich der feierlichen Amtseinführung des mit spektakulärem Erfolg wiedergewählten Präsidenten Nixon. Henry hatte es sich nicht nehmen lassen, mit den

Eltern ein mehrtägiges Programm zu absolvieren, hatte sie nicht nur mit zahlreichen Mitgliedern der Administration, mit Senatoren und Abgeordneten bekannt gemacht, sondern auch mit Stars des amerikanischen Journalismus, allen voran Barbara Walters, einer intimen Freundin, und mit Größen des Showgeschäfts.

So begegnen Louis und Paula Kissinger Bob Hope, Pat Boone oder auch – auf einer Party in dessen Haus – Frank Sinatra. Keine Frage, Henry ist ein Star. Und wie alle Stars muss auch er seinen Preis für diesen Status bezahlen. Henry Kissinger hat auf seinem Weg an die Spitze der Macht die Presse genutzt, hat mit den Journalisten gespielt, wie Marvin Kalb, einer seiner kompetentesten Biographen, sagt.

Jetzt spielen die Medien mit ihm, füllen mit dem Namen des Stars ihre Klatschkolumnen. Was immer er tut, ist den neugierigen Blicken der Öffentlichkeit ausgesetzt. Zum Weihnachtsgeschäft 1972 wird der amerikanische Büchermarkt mit Neuerscheinungen aller Art zu Henry Kissinger überschwemmt. Souvenirläden offerieren Kissinger-Figürchen, und der letzte Schrei ist eine „Super Kiss Watch", eine überdimensionale Uhr mit Schweizer Laufwerk und rot-weiß-blauem Armband.

Das große Thema dieser Monate aber lautet: Henry und die Frauen. Die Nürnberger *Abendzeitung*, die Henrys fränkische Landsleute auf dem Laufenden hält, zieht zum Jahresende 1973 eine stattliche Bilanz: „Heute der Fernsehstar Marlo Thomas, morgen die skandalumwitterte Mamie van Doren, übermorgen die superintelligente Jill St. John, dann wieder Margaret Osmer, Fernsehproduzentin, oder Nancy Maginnes, politische Beraterin von Gouverneur Rockefeller, und Candice Bergen, Schauspielerin, und, und, und ... Frauen sind sein Hobby. Aber wann hat er eigentlich Zeit dafür?" Eben. Aber zu einem richtigen Star, einem amerikanischen zumal, gehören nun einmal solche Geschichten. Wie es in Wirklichkeit aussieht, steht auf einem anderen Blatt.

Seit der Jahreswende 1973/74 schiebt sich dann eine Dame ins Zentrum der Berichterstattung, und auch die *Abendzeitung* fragt: „Kommt Henry Kissinger heute unter die Haube?" Er kommt, wenn auch noch nicht im Dezember 1973. Nancy Maginnes ist eine auffällige, selbstbewusste, hochgewachsene Persönlichkeit. Mit 1,80 Metern überragt die blonde Kettenraucherin mit den grünen Augen und dem länglichen Gesicht ihren elf Jahre älteren Gatten deutlich. Sie hat Geschichte studiert, in Berkeley promoviert und dann für Nelson Rockefeller gearbeitet. Dort haben die beiden sich Mitte der sechziger Jahre kennengelernt. Am 30. März 1974 heiraten Henry und Nancy unweit des Washingtoner Flughafens in einer Nacht- und Nebelaktion. Zu einer kurzen Hochzeitsreise geht es mit Bruder Walter und Schwägerin Genie – von der Presse zunächst unentdeckt – ins mexikanische Acapulco.

Natürlich entgeht der Rummel um Henry auch seinen Eltern nicht. Sie leben lange genug in Amerika, als dass sie davon überrascht sein könnten. Im übrigen kennen sie ihren Sohn, und wissen oder ahnen doch, was an den Frauengeschichten dran ist oder eben auch nicht. Jedenfalls ist Nancy, als Louis und Paula Kissinger im Januar 1973 anlässlich der Amtseinführung Nixons in Washington sind, schon mit von der Partie, wie „Mama K" in einem langen Brief an Arno Kissinger, den Bruder von „Papa K", und dessen Familie berichtet. Damals sind die beiden übrigens mit dem Zug, dem Metroliner, von New York angereist.

Jetzt, im September 1973, kommen sie einen Tag vor der feierlichen Vereidigung ihres Sohnes ausnahmsweise mit dem Flugzeug, weil den alten Leuten noch eine aus diesem Anlass abgebrochene Schweiz-Reise in den Knochen steckt und weil sie als strenggläubige Juden samstags nicht reisen. Zwei Stunden später treffen Walter, Genie und deren vier Kinder ein, schließlich auch Henrys Kinder David und Elisabeth, die sie

Flitterwochen: Henry Kissinger mit seiner zweiten Frau Nancy Maginnes nach ihrer Hochzeit in Acapulco/Mexiko, August 1974.

Der große Tag: Henry Kissinger wird als amerikanischer Außenminister vereidigt. Mutter Paula hält die Bibel, 22. September 1973.

Aufstellen fürs Familienfoto: Von links nach rechts: Henry Kissingers Sohn David (verdeckt), Henry Kissinger, seine Tochter Elisabeth, Paula Kissinger, Louis Kissinger, Walters Sohn Tom Kissinger, Präsident Richard Nixon, Walter Kissinger, Genie Kissinger. Vorne: Walters jüngste Kinder John und Dana.

„Lizzie" nennen. Walter arrangiert für alle ein Abendessen, und Mutter Paula stellt bei der Gelegenheit fest, wie sehr David seinen Vater bewundert und wie gerne er – ganz im Gegensatz zu seiner Schwester – im Rampenlicht steht.

Am nächsten Tag kommt dann im East Room des Weißen Hauses der große Augenblick. Viele sind dabei – Abgeordnete und Senatoren, der Präsident und zahlreiche Minister sowieso, aber auch frühe Förderer Henrys wie Nelson Rockefeller oder Fritz Kraemer, außerdem eine Reihe Prominente wie der Schauspieler Kirk Douglas. Die Mutter hält die Bibel, als ihr Sohn den Eid ablegt, und sieht Tränen in seinen Augen.

Als sie, zurück in New York, die „Gedanken einer Mutter bei der Vereidigung ihres Sohnes als Außenminister" zu Papier bringt, weiß sie nicht, wie sie ihre Gefühle in Worte fassen soll: Am besten, notiert sie auf Englisch, würde man sie wohl mit dem deutschen Wort „Demut" beschreiben: „Warum wurden wir ausgewählt, einen Sohn zu haben, der diese Position ausfüllt? War es Gottes Wille, dass Henry am Aufbau einer besseren Welt mitwirken soll? Haben wir einfachen Leute irgendetwas dazu beigetragen, um ihn dahinzubringen, wo er ist? Gut möglich, dass Henrys tiefe Zuneigung zu uns die Frage beantwortet. Es gab kein wichtiges Ereignis in seinem Leben, das er nicht mit uns geteilt hat."

Als der Sohn die Eltern dann mit seiner Limousine zum Flughafen bringt und der Mutter sagt, wie stolz er auf ihre „würdige Haltung" gewesen sei, ist das für Paula Kissinger die „höchste Anerkennung, die eine Mutter jemals erfahren kann". Schon bei der bewegenden Zeremonie im Weißen Haus wusste sie, dass sich Henry „niemals ändern wird, dass er unabhängig von seinem immensen Erfolg immer der feine, empfindsame Mensch bleiben wird, der er war, als er sich auf seinen Weg machte". Bewegende und bewegte Worte, gewiss. Aber warum soll eine Mutter dem Papier nicht anvertrauen, wovon sie überzeugt ist?

Thoughts of a Mother on the
Swearing in of her son as Secretary of
State.

When we started out on our
trip to Washington on Sept. 21 there
were the words of the Man of la
Mancha in my ears - "this was the
impossible dream,"
                Was it really true that
Henry had been confirmed as
Secretary of State, the first Jew the
first foreign born, our son?' Was
it still possible - the American success
story - that from humble beginnings,
from years of hard work and dedi-
cation, one could rise to this position.
        It did strengthen the belief in a bet-
ter world, in which still hopes and
ideals exist, in spite of disappoint-
ments and let downs.
            We flew this time not because
we felt as VIP's, but because we were

Gedanken einer Mutter: Paula Kissinger notiert ihre Gedanken und Gefühle anlässlich der Vereidigung ihres Sohnes Henry zum Außenminister der Vereinigten Staaten von Amerika, September 1973.

Illusionen jedenfalls hat diese Frau sowenig wie ihr Sohn. „Wenn meine Herkunft etwas zur Formulierung der Politik beitragen kann", hatte der während der Zeremonie gesagt, „dann das: In frühem Alter habe ich gesehen, was einer Gesellschaft geschehen kann, die auf Hass, auf Stärke und Argwohn gegründet wird." So gesehen hat Henry Kissinger seine Herkunft nie vergessen. Und diese lässt ihn nicht los – auch nicht, als er im Zenit seiner Karriere steht.

Die Bilanz der acht Jahre, in denen Henry Kissinger an den Schaltstellen der Macht sitzt, ist nicht unumstritten. Wie könnte es bei einem führenden Außenpolitiker der amerikanischen Weltmacht auch anders sein? Zu seinen größten Leistungen gehört ohne Zweifel die Anbahnung des Waffenstillstandes in Vietnam, wenn dieser auch von einer neuerlichen Radikalisierung der amerikanischen Kriegführung in Südostasien begleitet wird: Dazu zählt die Verschärfung der militärischen Maßnahmen gegen Nordvietnam – neben der Verminung der Küstengewässer vor allem schwere Bombereinsätze gegen militärische und zivile Ziele – und der vorübergehende Einmarsch nach Kambodscha. Hanoi, so rechtfertigte Kissinger die weltweit kritisierten Aktionen noch Jahre später, „verhandelte nur, wenn es in ernste Bedrängnis geriet".

Nicht nur bei den Verhandlungen über einen Waffenstillstand in Vietnam greift Henry Kissinger gerne zu Methoden, „die in keinem Lehrbuch zu finden sind", und verhilft der Geheimdiplomatie für einige Jahre zu einer neuen Blüte. So erfährt die Öffentlichkeit erst Ende Januar 1972 durch den Präsidenten, dass sein Sicherheitsberater schon seit zwei Jahren in Paris mit Le Duc Tho, dem Vertreter Nordvietnams, über einen Waffenstillstand verhandelt, der dann auch ein Jahr später unterzeichnet werden kann. Im selben Jahr werden beide dafür mit dem Nobelpreis ausgezeichnet. Henry weiß, was das für seinen Marktwert bedeutet.

Möglich wird Amerikas Rückzug aus Vietnam, weil sich die beiden wichtigsten Helfer Nordvietnams gegenseitig neutralisieren: Im März 1969 mündet die seit Jahren gärende Rivalität zwischen der Sowjetunion und der Volksrepublik China entlang des ostasiatischen Grenzflusses Ussuri in eine massive militärische Konfrontation. Damit sind die Voraussetzungen für die Umsetzung einer diplomatischen Strategie eingetreten, die Walter Kissinger, der ja ursprünglich in den diplomatischen Dienst wollte, schon im Frühjar 1951 angeregt hat. In seiner Princetoner Abschlussarbeit über die russische Fernostpolitik der Jahre 1895 bis 1904 kommt der jüngere der beiden Brüder damals zu dem Schluss, die amerikanische Diplomatie müsse die in Ostasien angelegten Konflikte zwischen den beiden kommunistischen Führungsmächten für ihre Zwecke nutzen und langfristig einen Keil zwischen sie treiben.

Genau das tut Henry – der die Arbeit seines Bruders nicht kennt, sich auch nie für Walters frühe Gedanken interessiert hat – zwanzig Jahre später. Im Juli 1971 ist Nixons Sicherheitsberater zu Geheimverhandlungen in der Volksrepublik China und bereitet dort mit Ministerpräsident Tschou En-lai den spektakulären Besuch des Präsidenten in Peking vor: Fast eine Woche lang hält sich Nixon im Februar 1972 im kommunistischen China auf, bahnt dort die Aufnahme diplomatischer Beziehungen an und setzt so die Sowjets unter Druck.

Als der Präsident dann im Mai 1972 nach Moskau reist, kann er auch dort eine Ernte einfahren, deren Früchte im Wesentlichen von seinem Sicherheitsberater gesät worden sind. Monatelang hat Henry Kissinger – mal offiziell, mal vertraulich – mit den Sowjets verhandelt, so dass Richard Nixon schließlich mit Leonid Breschnew, dem starken Mann im Kreml, eine Reihe von Verträgen unterzeichnen kann, allen voran SALT I, das in seiner Zeit wegweisende Abkommen über eine Begrenzung der strategischen Atomwaffen.

Konzentriert: Henry Kissinger, Außenminister der USA 1973 – 1977.

Seit dem Herbst 1973 steht dann der Nahe Osten ganz oben auf dem Programm. Elf Mal reist Henry Kissinger, inzwischen Außenminister, von Oktober 1973 bis August 1975 in die Region. Ziel dieser Schule machenden Pendeldiplomatie ist eine Annäherung Israels und seiner arabischen Nachbarn nach dem sogenannten Jom-Kippur-Krieg. Tatsächlich ist das Truppenentflechtungsabkommen, das Israel und Ägypten im Januar 1974 unterzeichnen, der Einstieg in einen mühsamen, aber in Teilen durchaus erfolgreichen Friedensprozess.

Einer, der damals viel mit Henry unterwegs ist, hat ausgerechnet, dass er allein als Außenminister, also in drei Jahren und zwei Monaten, 41 Mal auf Auslandsreisen gegangen ist und dabei weit über eine halbe Million Meilen zurückgelegt hat, was einem Durchschnitt von 15 000 Meilen pro Monat entspricht. Zu den dabei aufgesuchten 59 Ländern gehört natürlich auch die Bundesrepublik. Neun Mal ist Henry zwischen März 1974 und September 1976 als Außenminister hier. Das ist vergleichsweise viel und hat auch damit zu tun, dass sich die Präsidenten praktisch nie in Bonn blicken lassen: Nicht ein Mal tauchen Nixon oder Ford zu einem Staatsbesuch am Rhein auf.

Das liegt nicht etwa am schlechten Verhältnis zu ihren deutschen Partnern, im Gegenteil: So wie später, nach Nixons Rücktritt im August 1974, Gerald Ford ein gutes Verhältnis zu Helmut Schmidt, dem deutschen Bundeskanzler, hat, kommen Richard Nixon und Willy Brandt, Schmidts Vorgänger, alles in allem gut miteinander zurecht. Nixon und Brandt gehören dem gleichen Jahrgang 1913 an, teilen die Erfahrung des Aufsteigers und haben im übrigen auch kaum eine andere Wahl als den Schulterschluss. Sie sind aufeinander angewiesen.

Für den Ausgleich mit der Sowjetunion, den der Präsident schon wegen des Rückzugs aus Vietnam braucht, ist es ausgesprochen nützlich, dass der deutsche Bundeskanzler die Teilung

Deutschlands faktisch anerkennen will, dass sich Amerika also nicht länger für deren Überwindung ins Zeug legen muss. Brandt wiederum kann seine Ost- und Deutschland-Politik nicht ohne oder gar gegen Nixon ins Werk setzen. Vor allem für das Abkommen der vier Siegermächte des Zweiten Weltkriegs über Berlin braucht er die Amerikaner. Außerdem hat sich, was die Sicherheit der Bundesrepublik angeht, nichts geändert: Sie ist und bleibt von den Vereinigten Staaten abhängig – einseitig und bedingungslos. Also äußert der Bundeskanzler seine Kritik an der amerikanischen Kriegführung in Vietnam oder an der brachialen Wirtschafts- und Währungspolitik der Nixon-Administration allenfalls hinter verschlossenen Türen.

Ähnlich halten es der amerikanische Präsident und sein Sicherheitsberater. Öffentlich bereiten sie dem deutschen Kanzler, der fünfmal zu einem offiziellen Besuch in die USA reist, einen angemessenen Empfang. Was die beiden aber wirklich von ihrem Besucher denken, ist auf den geheimen Tonbandaufzeichnungen des Oval Office festgehalten. Über das „Hauptproblem" sind sich Nixon und Kissinger einig. „Nicht sehr helle" sei er, vielmehr „ein bisschen dumm", und außerdem, so Kissinger: „Er trinkt." Immerhin scheint sich Brandt zu „benehmen" und zu verstehen, dass er den beiden „eine ganze Menge" schuldet.

Eigentlich müssen solche Despektierlichkeiten überraschen, denn nicht nur die Lebenswege Nixons und Brandts weisen Gemeinsamkeiten auf – auch die Biographien Kissingers und des zehn Jahre älteren Brandt haben zumindest die große Zäsur gemeinsam: Beide müssen Deutschland in jungen Jahren verlassen, um sich vor den Nazis in Sicherheit zu bringen. Als Henry Kissinger im August 1938 in die Vereinigten Staaten geht, hält sich Willy Brandt schon seit fast fünfeinhalb Jahren in Skandinavien auf – zunächst in Oslo, später dann, nach dem deutschen Überfall auf Norwegen, in Stockholm. Willy Brandt lebt also einige Jahre in der Stadt, in der damals auch Henrys Großvater

David Kissinger und dessen Sohn, Henrys Onkel Arno, Zuflucht gefunden haben.

Und wie Henry Kissinger kehrt auch Willy Brandt zunächst in fremder Uniform nach Deutschland zurück – der eine in einer amerikanischen, der andere in einer norwegischen. Aber anders als der später emigrierte Henry Kissinger, dem Amerika zur Heimat geworden ist, bleibt der schon im April 1933 aus Deutschland geflohene Willy Brandt nach der Rückkehr in seiner alten Heimat. Liegt hier ein Grund für gewisse, auch atmosphärische Unstimmigkeiten zwischen den beiden, für die „Schatten", die „gelegentlich" ihre Beziehungen „streiften", wie Brandt sich ausdrückt? Wohl kaum.

Eher schon in den sehr unterschiedlichen Charakteren und – vor allem anfänglich – in gegenseitigen Missverständnissen über die eigentlichen oder vermeintlichen Ziele des anderen. Verstehen kann man das nur, wenn man Henrys tiefsitzenden Respekt vor dem Gewicht und dem Leistungsvermögen Deutschlands und der Deutschen kennt. Und Respekt ist nun einmal nicht weit von Angst entfernt. Noch Jahre nach dem Ende des Kalten Krieges und der Vereinigung Deutschlands schreibt er, dass „nicht einmal die … Niederlage im Zweiten Weltkrieg … Deutschlands Einfluss in der Welt" habe „mindern" können. Daran kann jemand, der in den dreißiger und vierziger Jahren erlebt hat, welcher Machtmissbrauch mit diesem Einfluss getrieben worden ist, keinen Gefallen finden.

In den dickleibigen Erinnerungen, die er nach dem Auszug aus dem State Department zu Papier bringt, sagt Henry Kissinger, was ihn seinerzeit an der Außenpolitik der neuen, der sozial-liberalen Koalition so irritiert hat: „Ich hatte den Eindruck", schreibt er 1979, „dass die neue Ostpolitik Brandts, die viele als eine fortschrittliche Politik der Suche nach Entspannung ansahen, in den Händen bedenkenloser Leute zu einer neuen Form des klassischen deutschen Nationalismus werden konnte." Es spricht für Kissinger, dass er diese Sicht der Dinge später als Fehler erkannt und sich öffentlich korrigiert hat, so wie auch Brandt seinerseits und im Rückblick dessen „hohen Talenten" die „Bewunderung" nicht versagt hat. Aber da sind beide längst aus ihren Ämtern geschieden.

Als sie noch dort sind, kommunizieren die beiden übrigens selten direkt. Vor allem in der schwierigen Berlin-Frage ist Egon Bahr, Staatssekretär im Bundeskanzleramt, Kissingers wichtigster Gesprächspartner. Der traut zwar Brandts „außerordentlich geschicktem Vertrauensmann" nicht ganz, schätzt ihn aber, weil Bahr es versteht, mit Kissinger über dessen liebsten Kanal, den geheimen, zu kommunizieren. An den atmosphärischen Störungen im amerikanisch-deutschen Verhältnis dieser Jahre ändert das allerdings wenig.

Die Deutschen haben mit den Amerikanern ihre Probleme, weil die ihrerseits an allen Enden und Ecken der Welt solche haben. Und dabei wollen und können sie auf die von ihnen abhängigen Deutschen keine Rücksicht nehmen. Eine entscheidende Ursache der transatlantischen Irritationen liegt im Zahlungs- und Handelsbilanzdefizit der USA, und dafür sind vor allem die hohen Kosten des Vietnam-Krieges verantwortlich. Der Verfall des Dollar führt zu einer Flucht in fremde Währungen, insbesondere in die Deutsche Mark, und schließlich, Mitte August 1971, zu einseitigen Maßnahmen der amerikanischen Regierung: Ohne die Verbündeten auch nur zu informieren, wird über Nacht das internationale Währungssystem außer Kraft gesetzt.

So etwas liegt zwar seit einiger Zeit in der Luft, weil die etwa 50 Milliarden-Dollar-Reserven des Auslands nur noch zu etwa 20 Prozent durch amerikanische Goldreserven gedeckt sind. In der Sache gibt es also kaum etwas an der Entscheidung auszusetzen. Was in den europäischen Metropolen aber Verstimmung und Verärgerung auslöst, ist der imperiale Stil der amerikanischen

Politik, und die verbindet sich auch mit dem Namen Henry Kissinger. Und der setzt noch eins drauf.

Am 23. April 1973 lässt der Sicherheitsberater den Europäern eine Nachricht zukommen. Darin hebt er – unter diskretem Hinweis auf die unverzichtbare Schutzfunktion der USA – deren regionale Interessen von den globalen der Amerikaner ab und empfiehlt ihnen, sich in das amerikanische Weltmachtkonzept einzufügen. Immerhin sagt Kissinger den Europäern in seiner bald so genannten Osterbotschaft zu, Amerika werde „niemals wissentlich die Interessen anderer opfern" beziehungsweise „verletzen". Da ist nicht nur Zynismus im Spiel, sondern auch die Gewissheit, dass Europa über kurz oder lang zur Vernunft finden und sich den amerikanischen Spielregeln fügen werde.

So kommt es dann auch, schneller als erwartet. Als am 6. Oktober 1973, dem jüdischen Feiertag Jom-Kippur, ägyptische und syrische Verbände Israel überraschend angreifen und damit den vierten Nahost-Krieg eröffnen, zeigt Amerika, wer Herr im Hause ist – im eigenen wie aber auch in fremden. Ohne die Bundesregierung auch nur zu informieren, geschweige denn zu konsultieren, benutzen die Amerikaner ihre Militärdepots und ihre Basen in der Bundesrepublik, zum Beispiel Bremerhaven, um die Israelis mit militärischem Gerät zu versorgen und so ihre Kriegführung zu unterstützen: Aus Sicht der Vereinigten Staaten, so bekommt der irritierte Bundeskanzler Willy Brandt zu hören, verfüge die Bundesrepublik „nur über beschränkte Souveränität". Washington behalte „sich das Recht vor, Maßnahmen zu ergreifen, die im Interesse der internationalen Sicherheit als angemessen und notwendig erschienen".

Henry Kissinger ist Zeit seines beruflichen Lebens ein Pragmatiker gewesen. Für den amtierenden Sicherheitsberater und Außenminister der USA heißt das: Alles ist den amerikanischen Interessen im engeren oder auch weiteren Sinne unterzuordnen, selbstverständlich auch Partnerschaften und – falls es die in der Politik überhaupt gibt – Freundschaften. Für sentimentale Erinnerungen oder Anhänglichkeiten gibt es schon gar keinen Platz. Sollte Deutschland in Henry Kissingers Denken und Fühlen noch eine besondere Rolle spielen, würde er dieser im Tagesgeschäft gewiss keinen Raum lassen, im Gegenteil.

Dafür gibt es andere Foren. Dass Henry sie betritt und nutzt, um seine besondere Beziehung zu Deutschland zu zeigen, ist aufschlussreich; dass er davon auch Gebrauch macht, als er auf dem Höhepunkt seiner politischen Karriere steht, ist bemerkenswert; dass er diese besondere Beziehung zu Deutschland ausgerechnet in seiner Geburtsstadt Fürth dokumentiert, sagt viel über das Verhältnis dieses Mannes zu seiner ersten Heimat und zur Stadt seiner Kindheit und frühen Jugend aus.

Am 7. Juni 1973 beschließt der Fürther Stadtrat in geschlossener Sitzung, Henry Kissinger die Goldene Bürgermedaille zu überreichen. Henry nimmt die Einladung zum Festakt an. Allerdings müssen sich die Stadträte zweieinhalb Jahre in Geduld üben, bis unter tatkräftiger Mitwirkung des Auswärtigen Amtes endlich ein Termin gefunden werden kann – aber auch nur, weil sich wegen eines Kabinettswechsels in Madrid unversehens eine größere Lücke im Terminkalender des Vielbeschäftigten aufgetan hat. Die lange Verzögerung erklärt sich zum einen durch die noch einmal erhöhte Belastung, der Henry seit der Ernennung zum Außenminister ausgesetzt ist.

Und dann geht die große Krise der Nixon-Administration, der sogenannte Watergate-Skandal, natürlich am zweiten Mann hinter dem Präsidenten nicht spurlos vorbei. Ausgelöst wird sie Mitte Juni 1972 durch einen Einbruch in das Hauptquartier der Demokraten, das damals im Washingtoner Watergate-Komplex aufgeschlagen ist. Wer weiß, wie die Sache ausgegangen wäre, hätte sich der Präsident, als sie ruchbar und durch die *Washington Post* zum Dauerthema gemacht wird, nicht eingemischt und an allen möglichen Verdunklungsversuchen beteiligt. Aber obgleich sich im Laufe der Zeit die Merkwürdigkeiten und Ungereimtheiten häufen, obwohl ein Senatskomitee über die präsidialen Wahlkampfaktivitäten vor Millionen Fernsehzuschauern seine Untersuchungen aufnimmt und ein Sonderermittler eingesetzt wird, ist Nixon nicht wirklich beizukommen. Er bleibt dabei, seine Unschuld zu beteuern.

Erst Mitte Juli 1973 kommt eher zufällig in den Anhörungen des Senatskomitees zur Sprache, dass der Präsident, seiner Gewohnheit entsprechend, auch die Unterredungen mit den Strippenziehern des Einbruchs und der folgenden Affäre auf Tonband festgehalten hat. In Verbindung mit einer Serie weiterer Skandale und Rücktritte, unter anderem von Nixons Vizepräsident Spiro T. Agnew und seinem Justizminister Elliott L. Richardson, gerät der Präsident derart unter Druck, dass er Ende April 1974 eine – allerdings frisierte – Abschrift der Bänder herausrücken muss. Eine drohende Amtsenthebung vor Augen, kündigt Nixon am Abend des 8. August im Fernsehen für den nächsten Tag seinen Rücktritt an. Er ist der erste Präsident der Vereinigten Staaten von Amerika, der diesen Schritt tut.

Im Sommer 1974 wird auch Henry Kissinger von den Druckwellen des politischen Erdbebens in Washington erfasst. Mitte Juni droht er auf einer Pressekonfernz im fernen Salzburg unvermittelt und massiv mit seinem sofortigen Rücktritt, sollte die gegen ihn im Zusammenhang mit Watergate entfesselte Kampagne nicht umgehend eingestellt werden. Und Ende Juli wird dann weltweit die Frage ventiliert, ob seine Tage als Außenminister gezählt seien. Aber soweit kommt es dann nicht.

Henry Kissinger überlebt das Erdbeben und den Rücktritt Nixons, bleibt im Amt und sorgt so im Übergang zur kurzen Ära Ford für Kontinuität. Das alles kostet Kraft und Zeit. An die Bürgermedaille, die in Fürth auf ihn wartet, ist da nicht zu denken. Und wer weiß, wann er sie in Empfang genommen hätte, wäre es nicht zur Umbildung des spanischen Kabinetts und damit im Dezember 1975 unerwartet zu besagter Lücke im Terminkalender gekommen.

Henry reist nicht allein. Im Grunde genommen nutzt er die Gelegenheit für ein Familientreffen. Denn auch Bruder Walter und die Eltern kommen aus diesem Anlass nach Fürth. Es ist nicht der erste Besuch, seit Louis und Paula Kissinger die Stadt verlassen mussten. In den fünfziger Jahren waren sie gelegentlich hier – erstmals 1952, um das Grab von Paulas Vater Falk Stern zu besuchen und die Hezners wiederzusehen. Jetzt allerdings, zum Jahresende 1975, kehren die Kissingers – Louis, Paula, Henry und Walter – zum ersten Mal seit ihrer Vertreibung gemeinsam als Familie heim.

Die Beteiligten wie die Beobachter wissen, dass die Ehrung Henrys der Anlass, aber nicht der einzige, vielleicht nicht einmal der eigentliche Grund der Reise ist. Die lokale Presse stellt fest, dass die Bürgermedaille zwar „dem berühmten Henry zugesprochen" wurde, aber „ohne Zweifel auch als moralische Wiedergutmachung für die betagten Eltern gedacht" ist. Und der *Spiegel* bringt das Ganze im Rückblick so auf den Punkt: „Henry war gar nicht die Hauptperson … Das war sein Vater Louis Kissinger, bald 90 Jahre alt."

Die Eltern reisen in Begleitung des deutschen Botschafters in Washington, Berndt von Staden, schon am Vortag an. Als Paula mehr als zwei Jahrzehnte später, kurz vor ihrem Tod, auf das Ereignis zurückschaut, sagt sie: „Das war unwirklich. Die Regierung schickte Limousinen. Eine Dame des Auswärtigen Amtes wurde für uns abgestellt. Erst wirst Du vertrieben, und dann wirst Du wie eine Königliche Hoheit behandelt. Es war unwirklich. Aber dann war ich doch glücklich dabeizusein."

Henry kommt am 15. Dezember, einem kalt-sonnigen Montag, mit Nancy an Bord der Boeing 707. Eigentlich machen die beiden nur einen kurzen Abstecher auf dem Weg von einer amerikanischen Botschafterkonferenz in London zu einer Energiekonferenz in Paris. Ganze sechs Stunden hält sich der Außenminister in seiner Geburtsstadt auf. Aber der Aufwand ist gewaltig. Das im Auswärtigen Amt aufgestellte Protokoll und die in amerikanischer Regie festgelegten Sicherheitsmaßnahmen lassen keinen Spielraum.

Das Bayerische Staatsministerium des Innern ordnet Sicherheitsstufe II an, und der Einsatzbefehl des Polizeipräsidiums Nürnberg/Fürth schließt „aus abstrakten Gefährdungsmomenten heraus" eine „Gefährdung bzw. Störung" nicht aus: Grundsätzlich würden „Besuche politischer Repräsentanten der USA in der Bundesrepublik – insbesondere Minister Kissinger" – von bestimmten linken Gruppen „zum Anlass genommen, um durch Aktionen auf ihre Organisation und Ziele aufmerksam zu machen". Neben einem eigenen Trupp amerikanischer Sicherheitsbeamter sind rund 400 deutsche Polizisten aufgeboten. Nach Berechnung der Lokalpresse sind das „ebensoviele wie bei Willy-Brandt-Visiten eingesetzt zu werden pflegen". Der gepanzerte Mercedes 600 ist tags zuvor aus Bonn eingeflogen worden, und während des Besuchs kreisen ständig Hubschrauber über den Orten, an denen sich der Gast gerade aufhält.

Zum Glück gibt es keine Vorkommnisse. Die Visite wird zu einem großen Erfolg, und Fürth rückt für einen kurzen Moment ins Zentrum des internationalen Interesses: „Kissinger besucht seine Heimatstadt und bekommt großen Applaus" – titelt die *New York Times*. Tatsächlich sind in Fürth Hunderte auf den Beinen, als die Wagenkolonne mit dem prominenten Gast vom Flughafen Nürnberg aus in Fürth einfährt.

Im festlich geschmückten Stadttheater haben sich 400 geladene Gäste eingefunden, unter ihnen der bayerische Ministerpräsident Alfons Goppel, Bonns Außenminister Hans-Dietrich Genscher, aber auch der amerikanische Botschafter in Bonn und

Die Heimkehrer: Henry, Walter, Paula und Louis Kissinger in Fürth, 15. Dezember 1975.

der deutsche Botschafter in Washington, Martin J. Hillenbrand und Berndt von Staden. Einige, die der Feier nicht beiwohnen können, wie Altkanzler Ludwig Erhard, der wohl berühmteste Sohn der Stadt Fürth und Vater des deutschen Wirtschaftswunders, schreiben dem Ehrengast „in guter Rückerinnerung an so manches fruchtbare Gespräch" einige nette Zeilen. Dafür kommt Gustav Schickedanz. Der Chef des Versandhauses Quelle, auch er Inhaber der Goldenen Bürgermedaille, ist – wie Max Grundig, der verhindert ist – der Inbegriff besagten Wirtschaftswunders und einer der Vorzeigeunternehmer der Stadt. Als man zwanzig Jahre später den hundertsten Geburtstag von Versandhauskönig Schickedanz feiert, ist Henry wieder in Fürth und hält die Festrede.

Heute spricht er Englisch, trägt dann aber selbst die deutsche Übersetzung vor. Seine Rede ist knapp, staatstragend und von grundlegenden Reflexionen bestimmt. Lediglich an einer Stelle, ziemlich am Anfang, wird er persönlich, und mancher Zuhörer hat den Eindruck, dass ihm dabei die Stimme für einen Augenblick zu versagen droht: „Ich bin besonders glücklich darüber", sagt er in der Stadt seiner Kindheit und frühen Jugend, „dass ich diesen Ehrentag in Gegenwart meiner Familie verbringen kann, insbesondere meiner Eltern, die ihre Bindungen an diese Stadt, in der sie den größten Teil ihres Lebens verbrachten, niemals aufgegeben haben."

Der Berichterstatter der *Nürnberger Nachrichten*, der das Spektakel in der rivalisierenden Nachbarstadt im übrigen mit einem spöttischen Unterton verfolgt, erkennt die emotionale Dimension des Augenblicks: „Wenn etwas rührend war an dieser kurzen Stippvisite eines vielbeschäftigten Stardiplomaten, dann war es das liebe und respektvolle Vater-Sohn-Verhältnis." Und dem Beobachter schien es fast so, „als ob vor allem die Verbundenheit mit dem greisen Vater, mit der immer noch agilen Mutter ihn eine Lücke im randvollen Terminkalender für den Fürther Trip finden ließ".

Nach dem Festakt begeben sich die Kissingers mit einem kleinen Kreis geladener Gäste ins Casino der Stadtsparkasse, um sich dort zu stärken. Serviert werden neben fränkischen Bratwürsten unter anderem Hähnchenschlegel, Räucherfisch und Roastbeef. Selbstverständlich haben die Gastgeber auch einen Tisch mit koscheren Gerichten – Fisch, Eierspeisen, Käse – hergerichtet. Dazu werden Frankenwein, fränkisches Bier und sonstige Getränke gereicht, und während Paula einem Scotch on the rocks zuspricht, nippt Schwiegertochter Nancy an ihrem Glas Milch.

Das Casino der städtischen Sparkasse wurde gewählt, weil das gerade im Betonstil der siebziger Jahre errichtete Gebäude gut zu sichern ist und weil man vor allem vom obersten neunten Stock aus einen herrlichen Rundblick über Fürth nehmen kann. So ersetzt der Casinoblick den ursprünglich geplanten Stadtrundgang, der wegen des engen Zeitplans, vor allem aber wegen der Intervention der Sicherheitskräfte entfallen muss.

Von hier oben also wandert der Blick der Kissingers durch die Straßenzüge ihrer alten Heimat, verweilt hier und dort, zum Beispiel in der Marienstraße 5, wo sie 15 Jahre gelebt haben, oder auch auf der exponierten Alte Veste, wohin Heinz und Walter zu radeln pflegten. Henry ist sichtlich versonnen. Dass er bei dieser Gelegenheit mit seiner Mutter Deutsch spricht, ist wohl der Höflichkeit gegenüber seinen Gastgebern geschuldet.

Die übergeben dann ihre Geschenke – an Henry, aber auch an seinen Vater. Der Bürgermeister von Ermershausen, der dem Festakt auf ausdrücklichen Wunsch von Louis Kissinger beiwohnt, überreicht Henrys Eltern nicht nur einen Zinnteller, sondern auch die Schallplatte „Ermershausen" mit einem Bild des Geburtsortes von Louis Kissinger.

Besonders reichlich mit Präsenten wird natürlich der neue Träger der Goldenen Bürgermedaille bedacht. Der Präsident der Spielvereinigung Fürth heftet dem strahlenden Gast die Goldene Vereinsnadel ans Revers und überreicht ihm einen „goldenen

Aus sicherer Distanz: Henry Kissinger und seine Eltern suchen das Haus Marienstraße 5, in dem die Familie bis zu ihrer Emigration im Jahr 1938 wohnte. Rechts im Bild: Fürths Oberbürgermeister Kurt Scherzer, 15. Dezember 1975.

Schussstiefel". Dafür muss dieser nicht weniger als 20 Wimpel der Spielvereinigung signieren. Überhaupt kann er den Signierstift kaum mehr aus der Hand legen. Nachdem Henry einem der Stadträte ein Autogramm gegeben hat, bricht unter den etwa 100 Gästen eine regelrechte Autogramm-Sucht aus: „Das ist immer so", kommentiert der geduldige Ehrengast, „wenn man erst einmal damit angefangen hat …"

Vom Oberbürgermeister der Stadt Fürth gibt es ein sorgfältig ausgesuchtes Buch. Der zweite Band der fünf Bücher des jüdischen Pentateuch mit dem Titel „Exodus", „Auszug", ist 1802 bei David Zirndorfer gedruckt worden. Das Exemplar zeigt auf dem Kopf des Titelblattes das Fürther Wappen in den Fängen des preußischen Adlers und erinnert damit an die kurze Zeit von 1792 bis 1806, in der Fürth zu Preußen gehörte. Es waren nicht die schlechtesten Jahre der Stadt. Henry Kissinger weiß um die Bedeutung des Geschenks, und so lässt er seinem offiziellen Dankesschreiben Ende Dezember ein zweites folgen, das seine hohe Wertschätzung zum Ausdruck bringt.

Als dann hier oben, im sterilen Zweckbau der Sparkasse, auch Louis Kissinger das Wort ergreift, kann man eine Stecknadel fallen hören. Der alte Mann hat sich zu Hause sorgfältig auf seine Rede vorbereitet und sie mit der Hand zu Papier gebracht. Paula spricht mit Walter und bittet ihn dafür zu sorgen, dass ihr Mann seine Rede auch halten kann. Walter nimmt die Sache in die Hand, wie überhaupt einige der Arrangements, so die Begegnung des Vaters mit seinen ehemaligen Schülerinnen, auf den Jüngeren der beiden Kissinger-Brüder zurückgehen. Auch für ihn hat die Reise ja eine eigene emotionale Qualität. Lange ist er nicht mehr in der alten Heimat gewesen. Kein Wunder, dass ihm alles viel kleiner und enger vorkommt, als es sich der kindlichen Erinnerung eingeprägt hat.

Jetzt also verliest Louis Kissinger seine vorbereitete Rede. Als Sohn Henry 30 Jahre später auf diesen Moment zurückblickt,

Louis Kissinger
615 Fort Washington Avenue
New York, New York 10040

Rede anläßlich der Verleihung der "Goldenen
Bürgermedaille" an Dr. Henry A. Kissinger
Fürth, Dezember 15, 1975

Sehr verehrter Herr Bundesaußenminister,
sehr verehrter Herr Oberbürgermeister
sehr geehrte Festgäste,

Ich möchte zunächst meinen und
meiner Frau herzlichen Dank aussprechen
für die Einladung zu dem Ehrentag
unseres Sohnes. Ich betrachte es als eine
besondere Auszeichnung an dieser Feier
teilnehmen zu können, nicht nur weil
die Verleihung der Goldenen Bürgermedaille
eine große Anerkennung unseres Sohnes
bedeutet, sondern weil diese Ehrung
von einer Stadt erfolgt, die immer
meinem Herzen nahe stand. Zu meiner großen Wertschätzung der Stadt
Fürth trug vor allem mein Studium
der Geschichte der Stadt vor mehr als

Rückkehr: Louis Kissinger meint, was er sagt. Redemanuskript anläss-
lich der Verleihung der Goldenen Bürgermedaille an seinen Sohn Henry,
15. Dezember 1975.

sagt er, dass sein Vater an diesem Tag die bessere, die eigentliche Rede gehalten habe. Der alte Mann, der fast vier Jahrzehnte nach seiner Vertreibung auch öffentlich zurückgekehrt ist, spricht Deutsch, als er gesteht, dass diese Stadt „immer" seinem „Herzen nahestand": „Ich bin kein geborener Fürther, aber ich habe den größten Teil meines Lebens in Deutschland in Fürth verbracht. Hier habe ich meine Familie gegründet, hier wurden meine zwei Söhne geboren, hier waren die glücklichen Jahre meines beruflichen Schaffens."

Und dann spricht Louis Kissinger über Henry, sagt, dass es ihn und seine Frau glücklich mache, dass ihr Sohn „zum internationalen Ansehen der Stadt Fürth beigetragen" habe, bekennt, wie stolz die beiden auf ihren Sohn sind, und wählt dabei eine Formulierung seiner Frau: „Wir sind in Demut stolz. … es ist für uns, die Eltern, ein beglückendes Gefühl, dass der Name Kissinger heute in der Welt gleichbedeutend mit dem Begriff Frieden ist, dass das Wort Kissinger gleichsam ein Synonym für das Wort Frieden wurde." Niemand, der den Greis an diesem Tag sprechen hört, hat einen Zweifel, dass er meint, was er mit fester Stimme sagt.

Weil das Fest auch der Anlass für ein Familientreffen ist und zum ersten und einzigen Mal seit 37 Jahren in Fürth stattfindet, fahren die Vier gemeinsam zum israelitischen Friedhof der Stadt. Falk Stern, Paulas Vater, der Großvater von Heinz und Walter, ist hier beigesetzt. Natürlich ist die Öffentlichkeit von dem Besuch ausgeschlossen. Botschafter von Staden, der eine enge Beziehung zu den Kissingers hat und deshalb die Szene aus einiger Entfernung beobachten kann, spürt, wie bewegt die Vier in diesem Augenblick stillen Gedenkens sind. Es gibt ja Momente, in denen das ganze Leben vor dem inneren Auge Revue passiert. Das ist so einer. Für alle Vier.

Danach geht es zu einem kurzen Beisammensein im Familienkreis ins Park Hotel, wo die Eltern logieren, und dann muss der berühmte Sohn auch schon wieder zum Nürnberger Flughafen, um rechtzeitig in Paris zu sein. Louis und Paula Kissinger bleiben noch in der Stadt und in der Gegend.

Der nächste Tag wird zu einer Reise durch das frühe, das glückliche Leben der beiden. Dass ihnen in Leutershausen ein großer Bahnhof bereitet wird, haben sie nicht erwartet. Denn eigentlich fahren sie für einen „privaten Besuch" dorthin, wie der vom offiziellen Empfang überraschte und gerührte Louis sagt. Keine Frage, dass es die beiden Alten heute zu Lore und Erika zieht, den Töchtern von Karl und Babby Hezner, die sich nach der Machtübernahme durch die Nazis als einzige nicht von ihnen abgewandt, sondern stets zu ihnen gehalten haben. Keine Frage auch, dass hier keine Kameras dabei sind.

Am Abend trifft der 1933 zwangspensionierte Lehrer, der im übrigen nach wie vor Pension nach Gehaltsstufe A 13 bezieht und seine Arztrechnungen bei der Stadt Fürth einreicht, noch einige seiner ehemaligen Schülerinnen. Es liegt wohl auch am abrupten Ende seiner Lehrtätigkeit, dass alle das Gefühl haben, als sei die Uhr stehen geblieben. „Kissus wusste sogar noch, wo seine Schülerinnen gesessen haben", sagt eine von ihnen nachher. Und der schreibt später einem Nürnberger Lehrer, der die Verbindung über das Jahresende 1975 hinaus hält: „Die Anhänglichkeit meiner früheren Schülerinnen und Schüler, die heute im Großmutter- und Großvateralter stehen, hat mich tief gerührt."

Der letzte Tag gehört noch einmal Fürth. Anders als im Programm vorgesehen, geht es nach dem obligatorischen Eintrag ins Goldene Buch zunächst zur Israelitischen Kultusgemeinde in der Blumenstraße. Schweigend stehen die beiden vor der Tafel mit den Namen derer, die den Verfolgungs- und Vernichtungsfeldzug gegen die Fürther Juden nicht überlebt haben. Eingefunden hat sich auch Hugo Oppenheimer, bei dessen Eltern

der Junggeselle Louis logierte, bis ihm mit Paula das Glück seines Lebens über den Weg lief.

Louis und Paula Kissinger machen auch an der Julienstraße
halt, um der Synagoge einen Besuch abzustatten, bevor es in die
Tannenstraße geht: Louis Kissinger, der den Lehrerberuf stets
mit Leidenschaft ausgeübt hat, will noch einmal seine alte Wirkungsstätte sehen. Beinahe fünfzehn Jahre hat er am Mädchenlyzeum, dem heutigen Helene-Lange-Gymnasium, unterrichtet.

Dann ist es auch genug. In jeder Heimkehr steckt ja ein Risiko,
die Gefahr, dass alte Wunden wieder aufbrechen. Sicher haben
die beiden in Amerika längst eine neue Heimat gefunden, und
als er vor zwei Tagen – oben im Casino der Sparkasse – auf seine Stadt hinunter- und auf sein Leben zurückblickte, ließ Louis
keinen Zweifel daran, dass er Amerika, „diesem großen Land,
zu ewigem Dank verpflichtet" sei, weil es ihm und seiner Familie „wieder eine Lebensmöglichkeit" eröffnet habe. Aber er sagte eben auch, dass sie dort „durch sehr schwere Jahre zu gehen"
hatten – weil sie in einer völlig fremden Welt Neues aufbauen
mussten, und weil Louis Kissinger es nie wirklich verwunden
hat, dass er seinen geliebten Beruf nicht mehr ausüben konnte.

Jetzt, wo er noch einmal in der Stadt ist, die seinem „Herzen
immer nahestand", rückt das alles wieder ins Bewusstsein. Die
Begegnungen und Erinnerungen dieser Tage waren schön und
bewegend, aber da kamen auch Wehmut und Trauer. Nach all
den Jahren. Am Morgen des 18. Dezember 1975 machen sich
Louis und Paula auf den Rückweg nach Amerika. Sie werden
Fürth nie wiedersehen.

Anders die Söhne, die im Zenit ihrer Karrieren stehen. Das gilt
für Henry, es gilt aber auch für Walter. Als der ältere der beiden 1969 mit der Ernennung zum Sicherheitsberater Nixons die
letzte Stufe der Erfolgsrakete zündet, denkt sein Bruder gerade
über den Abschied vom Berufsleben nach. Dass der Mittvierziger

inzwischen für sich und seine sechsköpfige Familie ausgesorgt hat, spricht für eine beachtliche Karriere, für eine überdurchschnittliche Leistungskraft und wohl auch für einen beträchtlichen Ehrgeiz. Was sie auch sonst unterscheiden mag – diese Eigenschaften haben die beiden Brüder gemeinsam, und natürlich fragt man sich: Hätten sie die auch unter anderen Lebensumständen entwickeln und entfalten können?

Walter jedenfalls hat es geschafft. Weil aber eine Rückkehr in den diplomatischen Dienst, mit dem er kurzzeitig liebäugelt, dann doch nicht infrage kommt, weil ihn das frühe Rentnerdasein nicht ausfüllt und weil selbst die zeit- und kraftintensiven Sportarten, wie das Reiten, seinen Energiehaushalt nicht zu erschöpfen vermögen, nimmt er 1969 das Angebot der Allen Group an, wird Mitglied des Aufsichtsrats und erreicht in den kommenden Jahren den eigentlichen Höhepunkt seiner beruflichen Laufbahn.

Die Allen Group, ein international aufgestellter Produzent unter anderem von Autozubehör, Montageausrüstungen und mobilen Kommunikationssystemen, befindet sich in schwerer See. Weil er im Aufsichtsrat einen guten Einstand hat und weil ihm der Ruf eines erfolgreichen Sanierers angeschlagener Firmen vorauseilt, wird Walter bald schon das Präsidentenamt angetragen. Der Umworbene ist zwar nicht grundsätzlich abgeneigt, stellt allerdings Bedingungen, die er selbst im Grunde für unannehmbar hält, so den Umzug der Konzernzentrale von Chicago nach New York, genauer gesagt: in die Nachbarschaft seines Wohnsitzes auf Long Island.

Es spricht für die verzweifelte Situation des Unternehmens wie für die enorme Reputation des neuen Präsidenten, dass die Firma sämtliche Bedingungen erfüllt. Fortan residiert Walter Kissinger als Präsident der Allen Group in unmittelbarer Nähe jener Ställe, in denen seine fünf weißen Araber stehen. Reiten zu können wird zu einer nicht ausdrücklich formulierten Voraussetzung für eine führende Position im Unternehmen, denn der

PEOPLE

The Younger, Richer Kissinger

by LOUIS KRAAR

*Der jüngere, reichere Kissinger: Das amerikanische Magazin „Fortune"
über Walter Kissinger, 1982.*

Präsident pflegt seinen geschäftlichen Verpflichtungen gerne im Sattel nachzukommen.

Diese Marotte lässt freilich keinen Rückschluss auf seinen Führungsstil zu. Walter Kissinger ist ein konsequenter und harter Sanierer. Das bekommt nicht zuletzt das Führungspersonal des Unternehmens zu spüren, das der neue Chef für dessen desolaten Zustand mitverantwortlich macht. Die Leute haben innerhalb von fünf Jahren nicht weniger als 25 Firmen aufgekauft, von denen die meisten seither rote Zahlen schreiben. Kaum im Sattel, stößt Walter nicht nur eine Reihe von diesen wieder ab, er feuert praktisch auch das gesamte Management. Mitte der siebziger Jahre sind 95 Prozent der Führungskräfte durch ihn eingestellt.

Tatsächlich gelingt Walter die Sanierung des Konzerns. Bis er das Unternehmen 1988, also nach fast zwanzigjähriger Präsidentschaft, verlässt, baut er die Allen Group zu einem modernen Technologiekonzern um und aus, führt sie unter anderem an die damals revolutionäre Mobilfunktechnologie heran, eröffnet Niederlassungen in Westeuropa und Japan und wird mit seinem Unternehmen zu einem der Pioniere auf dem neuen, riesigen Markt, der sich im Gefolge der diplomatischen Offensive von Bruder Henry für amerikanische Firmen in der Volksrepublik China auftut.

Und noch in einer weiteren Hinsicht gehört Walter Kissinger zu den Pionieren der modernen amerikanischen Wirtschaftsgeschichte, ist sozusagen einer ihrer Vordenker. Die siebziger und achtziger Jahre sind die Zeit der „corporate take-overs": Finanziell potente Unternehmen kaufen Firmen, um sie zu zerlegen und die einzelnen Teile, gewinnbringend und häufig zu Lasten der Belegschaft, zu verkaufen. Walter ist ein entschiedener Gegner solcher Geschäfte, aus betrieblichen und, wenn man so will, auch aus ethischen Erwägungen. Hollywood, das dem Thema einige Filme widmet, hat diesem Typ des im Sinne Walters bekehrten

Unternehmers mit Richard Gere in *Pretty Woman* ein populäres Gesicht gegeben.

Walter Kissinger geht mit seinem Anliegen an die Öffentlichkeit, meldet sich zum Beispiel in der *New York Times* zu Wort und warnt vor solchen Aktionen: „Unsere Werte", schreibt er 1983 für *The Science Publishing Society*, „haben sich so dramatisch gewandelt, dass der Angriff heute als fester Bestandteil der Strategie seriöser Unternehmen gelten kann. Der rasch zunehmende Trend zu erzwungenen Übernahmen schafft in der Wirtschaft eine feindselige Atmosphäre." Sicher, es gibt Gewinner. Viel leichter aber ist es, sagt Walter Kissinger, „die Verluste aufzuzählen, denn hinsichtlich der Menschen, der Produktivität und des Selbstvertrauens sind es viele".

Das sind keine Lippenbekenntnisse. Ehemalige Kollegen aus der Führungsetage der Allen Group wie Stephen Gilhuley oder Don Bindler sprechen bis heute mit Hochachtung von Walters Überzeugungen oder auch von seinem Führungsstil. Gewiss, der Mann fordert seinen Mitarbeitern „eine ganze Menge" ab, pflegt einen „sehr intensiven" Führungsstil; aber er ist auch ein Visionär, ein sehr guter Verhandler und vor allem: ein ungewöhnlich loyaler Vorgesetzter. „Walter Kissinger", sagt Don Bindler, „ist zu seinen Freunden, aber auch zu den Leuten seiner Umgebung, außerordentlich loyal – innerhalb wie außerhalb des Unternehmens."

Solche öffentlichen Klarstellungen bedeuten nicht, dass der Manager die Öffentlichkeit sucht, im Gegenteil: Anders als Bruder Henry „scheut er das Rampenlicht", wie *Newsweek* Mitte der siebziger Jahre schreibt, und so gesehen ist die Charakterisierung des Wirtschaftskapitäns als „The Other Kissinger" durchaus zutreffend. Er ist zwar der andere, aber eben ein „Kissinger", und natürlich hat Walter, wie er an seinem Lebensabend sagt, immer gewusst, dass der Name Kissinger „kein Nachteil" ist.

Gebrauch gemacht hat er davon allerdings nie, im Gegenteil. Walter Kissinger ist stolz darauf, seinen eigenen Weg eingeschlagen

Halt geben: Walter und Genie Kissinger an Bord der „Queen Elizabeth II"
auf dem Atlantik, Mitte der siebziger Jahre.

und es ohne die Hilfe des Bruders zu großen Erfolgen gebracht zu haben. Dazu gehört, dass er auf seinen zahlreichen Auslandsreisen stets darauf bedacht gewesen ist, nicht die Hilfe einer amerikanischen Botschaft in Anspruch nehmen zu müssen. Die bevorzugte Behandlung, die in einem solchen Fall fast unvermeidlich gewesen wäre, hatte er auch gar nicht nötig. Denn genau genommen war der Jüngere ja bereits ein gemachter Mann, als der Ältere dem Höhepunkt seiner beruflichen Laufbahn zustrebte. Kein Wunder, dass Walter und Genie ihre Kinder so erzogen haben, dass auch sie ihre Karrieren unabhängig von ihrem Namen machen konnten.

Das bleibt auch nach dem Auszug Henrys aus dem State Department wichtig. Denn seine Stimme und sein Name haben nach wie vor Gewicht, weil der Mann weiß, wie man mit der einen den anderen vermarktet. Nachdem der Demokrat Jimmy Carter Ende 1976 die Präsidentschaftswahlen äußerst knapp, aber immerhin gewonnen hat, ist klar, dass die politische Karriere Henry Kissingers nach acht Jahren zu Ende geht. Privat ziehen er und Nancy sich an die East Side von Manhattan und auf einen Landsitz unweit von Kent in Connecticut zurück. Beruflich beginnt Henry in Washington und New York eine neue, nicht weniger erfolgreiche Karriere.

Eine Rückkehr auf seinen Lehrstuhl in Harvard, der während all der Jahre für ihn freigehalten worden ist, zieht er nicht ernsthaft in Betracht. Interessanter sind drei andere Wege, die jetzt vor ihm liegen. Einmal lässt er sich als gefragter und hochdotierter Redner engagieren. Dann unterzeichnet er, beginnend bei Goldman, Sachs & Co., eine Reihe von lukrativen Beraterverträgen mit Banken und Firmen. Und schließlich nehmen ihn Medienkonzerne wie NBC oder die *Los Angeles Times* als Kommentator und Berater unter Vertrag.

Nachdem deutlich geworden ist, dass Henry Kissinger auch in der Regierung des Republikaners Ronald Reagan keine

Aussichten auf den Außenminister-Posten hat und ein dritter Band seiner Memoiren einstweilen nicht zur Debatte steht, konzentriert er sich seit 1982 endgültig auf seine Firma. Kurz nach seinem Ausscheiden aus dem Amt sind die „Kissinger Associates" gegründet worden, ein Unternehmen eigener Art: Zwar hat der Namensgeber eine Reihe zum Teil namhafter Partner, darunter zeitweilig Brent Scowcroft und Lawrence Eagleburger. Tatsächlich aber handelt es sich um eine Firma zur Vermarktung des Namens Kissinger. Dass sie prächtig gedeiht, und das dauerhaft, zeigt, welches enorme Renommee der Mann in drei Jahrzehnten angesammelt hat.

Allerdings fordert dieser Marathon seinen Tribut. Der hohe Einsatz, aber auch die ungesunde Lebensweise hinterlassen Spuren, zum Beispiel ein beachtliches Körpergewicht. Anfang 1982 muss sich der knapp Sechzigjährige einer schweren Bypassoperation unterziehen. Überhaupt wird das Jahr 1982 zu einem der schwierigsten seines erwachsenen Lebens. Kaum dass er sich von dem Eingriff erholt hat, stirbt der Vater. Mit Fünfundneunzig hat Louis Kissinger ein salomonisches Alter erreicht und das gab ihm die Möglichkeit, den Aufstieg und die großen Karrieren seiner beiden Söhne zu verfolgen und zu genießen.

Natürlich hat er nie vergessen, was ihm in Deutschland angetan worden ist. Wie hat er unter dem Verlust des geliebten Lehrerberufs gelitten! Auch hat er bis ins höchste Alter hinein immer wieder daran erinnert, wie schwer die Anfänge in Amerika gewesen sind. Aber gerade in diesem Zusammenhang hat Louis Kissinger auch stets zu erkennen gegeben, mit welchem Stolz ihn die außerordentlichen Erfolge seiner Söhne erfüllt haben. Das Sammeln, Ordnen, Ablegen und Kommentieren von Zeitungsartikeln über sie und ihre Karrieren zählte bis zuletzt zu seinen liebsten Tätigkeiten. Und gewiss hätte es ihn mit großer Genugtuung erfüllt, hätte er die Ehrungen erleben können, die vor allem dem Älteren der beiden noch bevorstehen. Auch in Deutschland, auch in Franken.

Seit ihm die Bürgermedaille verliehen worden ist, war Henry Kissinger nicht mehr hier. 13 Jahre gehen ins Land, bis er erneut in seine Heimatstadt kommt, aber dann werden die Abstände kürzer – weil es bestimmte Einladungen und Verpflichtungen so fügen oder weil es ihn mit zunehmendem Alter stärker als zuvor nach Fürth zieht. 1988 ist er wieder hier. In dem Jahr, in dem sich Bruder Walter endgültig aus der Leitung der Allen Group zurückzieht und sich auf andere berufliche Herausforderungen und ehrenamtliche Tätigkeiten konzentriert, steht für Henry eine weitere Ehrung an, dieses Mal durch Fürths Nachbarstadt Erlangen, genauer gesagt durch deren Universität.

Am 19. März 1988 wird Henry Kissinger die Ehrendoktorwürde der Friedrich-Alexander-Universität Erlangen-Nürnberg verliehen. Damit kommt er erstmals seit 13 Jahren wieder in seine alte Heimat. Anders als damals, als er die Goldene Bürgermedaille der Stadt Fürth in Empfang nahm, gibt es jetzt allerdings auch kritische Stimmen. Sie weisen darauf hin, dass in die Amtszeit des Außenpolitikers Henry Kissinger eben auch die amerikanische Kriegführung in Vietnam und Kambodscha oder die problematischen Aktivitäten der USA in Südamerika, beispielsweise im Umfeld des Sturzes von Chiles Präsident Salvador Allende, fallen.

In Erlangen haben die Grünen, die Friedensbewegung und zahlreiche Studenten unter dem Motto „Henry kommt – wir auch" ihren Protest angekündigt; eine Fürther Koalition aus Grünen, Kommunisten und Friedensbewegten gibt per Flugblatt zu Protokoll „Henry Kissinger ist uns nicht willkommen", und einem Fürther Stadtrat, der sich nach den Kosten des wie stets üppigen Empfangs durch Kissingers Heimatstadt erkundigen will, wird auf einstimmigen, formellen Beschluss seiner eigenen, der SPD-Fraktion, kurzerhand Redeverbot erteilt.

Natürlich rotieren die Offiziellen Fürths schon Wochen vor dem Ereignis, zumal der Gast diesmal sogar 24 Stunden eingeplant hat – für den Besuch seiner Geburtsstadt, für die feierliche Ehrenpromotion und für einen Besuch im Nürnberger Frankenstadion. Als er am 18. März in Nürnberg einschwebt, steht erst einmal ein einstündiges Gespräch mit Verteidigungsminister Manfred Wörner auf dem Programm, der ebenso wie der amerikanische Botschafter Richard Burt eigens aus Bonn eingeflogen ist. Keine Frage, Henry Kissinger versteht es, Hof zu halten.

In Fürth dann das übliche Programm: Pressekonferenz, Goldenes Buch, Festbankett – unter anderem mit den Ehrenbürgern „Doktor" Max Grundig und „Professor" Grete Schickedanz –, Stadtrundgang. Der wird diesmal zu einem nächtlichen Schnelldurchgang, und damit der Gast auch alles sehen kann, strahlt die Feuerwehr das Geburts- und das Wohnhaus in der Mathilden- und der Marienstraße an.

Am nächsten Tag, 10 Uhr, findet dann im Schloss der Erlanger Universität die Ehrenpromotion statt. Bereits Anfang Juni 1986 hatte eine Gruppe von Hochschullehrern bei den beiden Philosophischen Fakultäten der Friedrich-Alexander-Universität den Antrag gestellt, Henry Kissinger den Grad eines „Doktors der Philosophie ehrenhalber" zu verleihen. Begründet wurde dies mit dem umfangreichen wissenschaftlichen Werk sowie mit einer Vermutung: „An der FAU hätte Kissinger – wäre er nicht durch die politische Entwicklung in Deutschland zur Emigration in die USA gezwungen worden – höchstwahrscheinlich seine akademische Ausbildung begonnen, hier hätte er vermutlich eine erfolgreiche Hochschullaufbahn eingeleitet."

Die zuständigen Gremien stimmen rasch zu – aber leider lässt sich im Terminkalender des zu Ehrenden kein freier Platz finden. Wie könnte es anders sein. Erst knapp zwei Jahre später ist es dann soweit. Henry Kissinger kann im Schloss der Universität seine Urkunde in Empfang nehmen. Draußen haben sich 500

Protestierende eingefunden, die von 250 Polizisten in Schach gehalten werden; drinnen sorgen ein Pädagoge als Dekan und ein Politologe als Festredner für das rechte Mittelmaß. Inzwischen sind nämlich auch einige derer, die ursprünglich den Antrag gestellt haben, auf Distanz gegangen.

Und der Ehrendoktor? Hält sich wie stets bedeckt, macht zunächst, wie der Chronist der Lokalzeitung festhält, den üblichen „etwas gequält wirkenden Scherz über seine bescheidenen Deutschkenntnisse" und reflektiert dann – auf Englisch und in der gewohnt souveränen Manier – über die Probleme der Weltpolitik. Lediglich an einer Stelle wird er persönlich, und man spürt, dass er meint, was er sagt: „Ich bedaure es, dass mein Vater nicht mehr dabei sein kann." Immerhin hat Louis Kissinger hier nach dem Ersten Weltkrieg studiert. Und wer wollte zweifeln, dass es den Vater, den zwangspensionierten Lehrer aus Leidenschaft, mit Freude, Stolz und wohl auch ein wenig Genugtuung erfüllt hätte, wäre er dabei gewesen, als gerade diese Universität seinem Sohn den Titel eines Ehrendoktors verleiht?

Nicht einmal fünf Stunden bleibt der Geehrte in der Universitätsstadt, dann geht es, selbstredend mit einer Polizeieskorte, auch schon weiter zum dritten und letzten Teil des Programms: Die Bürgermeister von Erlangen, Fürth und Nürnberg sowie den amerikanischen Botschafter in Deutschland im Schlepptau, zieht Henry Kissinger ins Nürnberger Stadion ein. Dort erfüllt er sich einen lang gehegten Wunsch und verfolgt erstmals in seinem Leben ein Bundesliga-Spiel – wenn auch nicht seines Vereins, der Spielvereinigung Fürth, die damals weit von der ersten Liga entfernt ist, sondern des 1. FC Nürnberg, der an diesem Tag den Tabellenletzten FC Homburg mit 2:0 besiegt.

Wie alle Persönlichkeiten mit einer vergleichbaren Biographie arbeitet auch Henry Kissinger längst an seinem Bild in der Geschichte. Man kann das verstehen, denn bei allen Ehrungen,

Auszeichnungen, Verdiensten und Erfolgen gibt es auch im Leben dieses Politikers problematische, jedenfalls umstrittene Kapitel. Deshalb und weil er mit dem Auszug aus dem State Department gerade nicht von der Bildfläche verschwunden ist, sondern in einer geradezu atemberaubenden Intensität national und international öffentlich präsent bleibt, versuchen sich schon seit seiner Amtszeit Legionen von Journalisten, Politikwissenschaftlern und Historikern an seiner Demontage.

Dagegen gibt es Mittel – zum einen die Niederschrift der eigenen Lebenserinnerungen, mit denen Henry bald nach dem Ende seines amtlichen Politikerlebens beginnt. 1979 und 1982 legt er zwei dicke Bände im Umfang von etwa 3 000 eng bedruckten Seiten vor, die allerdings nicht über das Jahr 1974 hinausgehen. 1994 ergänzt er diese daher um einen Band über das Wesen der Außenpolitik, in der man durchaus auch eine Ortsbestimmung der Rolle Henry Kissingers in der neueren Geschichte lesen kann. Zum anderen kann man gezielt Dokumentationen des eigenen Lebens und Wirkens durch Journalisten oder Wissenschaftler unterstützen und so einen gewissen Einfluss darauf nehmen, wie man in die Geschichte eingeht.

Ende Februar 1994 trifft ein Fernsehteam des amerikanischen Fernseh- und Mediengiganten ABC in Fürth ein. Barbara Walters, die First Lady des amerikanischen Fernsehens und enge Freundin Henry Kissingers, will in der längst legendären Sendung „20/20" einen Film über dessen Leben bringen und dafür auch vor Ort drehen – mit ihm. Seit die Nachricht vier Wochen vorher per Fax im Fürther Rathaus eingetroffen ist, herrscht dort der Ausnahmezustand, zumal der Oberbürgermeister just zum avisierten Termin privat in Kenia weilen wird. Außer Frage steht: ein offizieller Empfang muss sein.

Den gibt es dann auch, allerdings leicht gedrängt, weil der hohe Besuch, braungebrannt und gutgelaunt, zwei Stunden später als erwartet eintrifft. Derweil warten nicht nur die Offiziellen der Stadt und etliche Polizisten, sondern auch der einzige geladene Gast: Werner Gundelfinger, ein Jugendfreund, hat die Parallelklasse der Jüdischen Realschule besucht und mit Henry auf dem Sportplatz des Israelitischen Turn- und Sportvereins (Itus) Fußball gespielt – bis er, zwei Jahre vor Henry und Walter, mit seinen Brüdern die Stadt verließ.

Natürlich wird auch über die Nazi-Zeit gesprochen. Als Henry dabei sagt, man solle „einen Strich unter diese Zeit setzen", sind die deutschen Beobachter der Szene irritiert. Als hätte Henry den Schlussstrich im Sinn. Ihm geht es darum abzuschließen, und das hat mit Vergessen nichts zu tun, im Gegenteil. Nach Ende der Dreharbeiten besucht er auch jetzt das Grab des Großvaters – allein.

Der Rest ist inzwischen Routine. Natürlich nimmt Henry Kissinger, der übrigens Vorsitzender des amerikanischen Organisationsteams für die Fußballweltmeisterschaft in den USA ist, die Einladung zum Spiel seiner Spielvereinigung gegen Bayreuth an, obgleich Fürth damals noch in der Bayernliga spielt, und auch am Abendessen, zu dem die Stadt den Träger der Goldenen Bürgermedaille eingeladen hat, nimmt er teil. Es ist ja immer noch oder inzwischen wieder seine Stadt. Die sieht das ohnehin so, denn sie weiß längst, was sie an ihm hat.

Am 17. Dezember 1997 beschließt der Stadtrat von Fürth, auf Empfehlung des Ältestenrates und einstimmig, Henry Kissinger aus Anlass seines 75. Geburtstags die Ehrenbürgerwürde zu verleihen. Bisher ist Fürth mit dieser Ehrung eher sparsam umgegangen. Nach dem Zweiten Weltkrieg sind erst drei Persönlichkeiten so ausgezeichnet worden, alle drei waren Unternehmer: Gustav Schickedanz 1958, Max Grundig 1963 und Grete Schickedanz, die das Familienunternehmen nach dem Tod ihres Mannes fortführte, 1981. Ein Politiker ist seit 1945 noch nicht geehrt worden, nicht einmal Ludwig Erhard, vielleicht Fürths bekanntester

Sohn. Der Stadtrat hatte sich seinerzeit nicht dazu durchringen können: Es sei nicht klar, worin seine Verdienste um die Heimat eigentlich bestünden.

Jetzt also Henry Kissinger, und der nimmt die Einladung nicht nur an, sondern kann sogar am Mittwoch, dem 20. Mai 1998, dem vorgeschlagenen Termin, in Fürth sein. Jetzt geht es um das Programm, denn Dr. Kissinger kann leider nur wenige Stunden erübrigen ... Man kennt das ja inzwischen. Auf dem Programm steht, noch vor dem eigentlichen Festakt, ein Besuch im Ronhof, bei der Spielvereinigung Fürth. Nach der Ehrung in der Stadthalle folgen eine kurze Pressekonferenz, ein Mittagessen in der „Kartoffel" und – ohne Presse – ein Besuch auf dem jüdischen Friedhof. Wie bei vorausgegangenen Anlässen will Henry Kissinger auch jetzt zum Grab des Großvaters.

Eingeladen wird, was Rang und Namen hat: Neben etlichen Angehörigen des bayerischen Kabinetts, Staatssekretären, Abgeordneten, Regierungspräsidenten, Referenten, Bürgermeistern und Stadträten insbesondere Bundeskanzler Helmut Kohl und Außenminister Klaus Kinkel, die Fraktionsvorsitzenden im Deutschen Bundestag, aber auch Altkanzler Helmut Schmidt, Altbundespräsident Walter Scheel und der langjährige Außenminister Hans-Dietrich Genscher, außerdem – auf ausdrücklichen Wunsch Henry Kissingers – die Herausgeber des *Spiegel* und der *Zeit*, Rudolf Augstein und Marion Gräfin von Dönhoff, sowie: „Mrs. Louis Kissinger", also Henrys Mutter Paula, und Ernst O. Krakenberger, mutmaßlich Henrys einziger noch in der Gegend lebender Verwandter.

Die meisten sagen aus terminlichen oder gesundheitlichen Gründen ab, auch Marion Dönhoff, die aber ein essayartiges Portrait des zu Ehrenden nach Fürth schickt, Rudolf Augstein und der Bundeskanzler. Der wird durch den Außenminister vertreten und übermittelt zudem ein Grußwort, in dem er Henry Kissinger ausdrücklich dafür dankt, „dass Sie Ihrer alten Heimat stets verbunden geblieben sind, die Sie in der Zeit des nationalsozialistischen Unrechtsregimes verlassen mussten."

Unter denen, die dann doch den Weg nach Fürth finden, sind Hans-Dietrich Genscher und Helmut Schmidt. Die beiden wissen, was Deutschland diesem Mann verdankt. Bis heute lassen sie daran keinen Zweifel: „Er hat Deutschland auf seinem Weg in die Gemeinschaft der demokratischen Staaten sehr geholfen", sagt Genscher, „und ich glaube, dass das Verständnis, das er in Amerika für Deutschland, für Europa geweckt hat, sehr dazu beigetragen hat, dass … die Amerikaner so ganz unmissverständlich und ohne jeden Vorbehalt hinter dem deutschen Bemühen um staatliche Einheit standen." Deutschland, findet auch Schmidt, hat „diesem Mann zu verdanken, dass er einen ganz großen Beitrag dazu geleistet hat, dass viele politisch führende Menschen in anderen Staaten die Ehrlichkeit des Bemühens der Deutschen nach 1945, nach 1948 begriffen hatten".

Kein Wunder also, dass sich Henry Kissinger über die Teilnahme der beiden am Fürther Festakt und ganz besonders darüber freut, dass Helmut Schmidt zu seinen Ehren das Wort ergreifen will. Immerhin ist der Altbundeskanzler nach eigenem Bekunden „diesem Mann seit vier Jahrzehnten in Freundschaft verbunden". Und der hört sich dann auch geduldig an, wie Helmut Schmidt auf dem Festakt die Anwesenden über den aus seiner Sicht tristen Zustand der Welt ins Bild setzt. Von persönlichen Erinnerungen keine Spur.

Anders Henry, der im Rahmen des ihm Möglichen einmal mehr seine Verbundenheit mit der Stadt und dem Land zum Ausdruck bringt und sagt, dass er das schon zu Protokoll gegeben habe, als er diese sechzig Jahre zuvor verlassen musste: „… als bei uns in der Marienstraße gepackt wurde, kam ein Zollbeamter und ich sagte zu ihm: ‚Eines Tages werde ich hierher zurückkehren.'" Seither ist er schon einige Male wieder in der Stadt gewesen, aber diesen Tag sieht er doch als „die Vollendung, den Schlusspunkt" – sagt er jedenfalls, und belässt es dabei.

Auch heute kein Vorwurf und keine Anklage, lediglich eine traurige Erinnerung an das, was Stadt und Land der Familie bedeuten und was sie folglich 1938 verloren hat. Und auch das sagt Henry Kissinger nicht mit seinen Worten, sondern mit den Worten seiner Eltern. Dass er hier und jetzt einen beträchtlichen Teil jener Rede im Wortlaut zitiert, die sein Vater 25 Jahre zuvor, anlässlich der Auszeichnung des Sohnes mit der Bürgermedaille der Stadt gehalten hatte, sagt viel – über ihn, seine Eltern und ihr Verhältnis zueinander. Als er dann einen Brief vorliest, den seine Mutter ihm mitgegeben hat, kann man wie damals eine Stecknadel fallen hören: „Ich teile", schreibt die alte Dame, die nicht mehr reisen kann, „in Gedanken, in Stolz und in Demut diese Feier."

Demut – das war die Grundeinstellung dieser außergewöhnlichen Frau zu einem ungewöhnlichen Leben. Ein halbes Jahr später, am 15. November 1998, stirbt Paula Kissinger im Alter von 98 Jahren. Mitte Dezember bedankt sich ihr Sohn Henry bei der Stadt Fürth für die Beileidsbekundung ihrer Bürger und bestätigt einmal mehr: „Meine Mutter hatte in ihrem Herzen für Fürth stets einen warmen Ort, ungeachtet der schwierigen Jahre." Zurück bleiben ihre beiden Söhne Henry und Walter, sechs Enkel und sechs Urenkel.

Bis zuletzt lebt Paula Kissinger in dem Apartment an der Fort Washington Avenue 615, das die Familie 1940 bezogen hat. Auch das Mobiliar ist im Wesentlichen noch jener alte Bestand, der die Kissingers Monate nach ihrer Vetreibung aus Deutschland erreichte. Zwar haben Walter und Genie – die sich bis zuletzt um ihre Schwiegermutter kümmert, seit ihrem Tod auch deren Ehering trägt – Paula von einem Umzug überzeugen wollen, waren aber erfolglos geblieben. Auch Henry versucht die

Ehrenbürger: Verleihung der Fürther Ehrenbürgerwürde an Professor Dr. Henry Kissinger durch Oberbürgermeister Wilhelm Wenning, 20. Mai 1998.

Mutter immer wieder zu überreden, zu ihm und Nancy in die großzügige Wohnung an der Upper East Side zu ziehen. Vergeblich. Ein Wochende im Landhaus der beiden oder auch ein Urlaub mit Walter und Genie in Puerto Rico – schön und gut. Aber die Wohnung will sie nicht mehr wechseln.

Auch nach einem schweren Unfall nicht: Eines Tages stürzt sie in der Küche, bleibt bewusstlos liegen und wird offenbar erst Stunden später von Nachbarn gefunden. Als die Ärzte Henry raten, auf lebensverlängernde Maßnahmen zu verzichten, da die Mutter wohl niemals mehr klar denken und sprechen könne, sagt der: „Sie kennen meine Mutter nicht." Als sie nach Tagen aus dem Koma erwacht, fragt sie ihren Sohn, der gerade an ihrem Krankenbett Wache hält: „Welcher Tag ist heute?" Und als Henry antwortet, „Dienstag", bittet sie ihn, den Zehnuhrtermin beim Zahnarzt abzusagen. Paula Kissinger selbst hat diese Geschichte wenige Jahre vor ihrem Tod erzählt. Man ahnt, warum die Familie die schweren Jahre in dieser Stadt überstanden hat.

Also bleibt die alte Dame dort wohnen, wo sie mehr als ein halbes Jahrhundert gelebt hat, geht, wenn das Wetter es zulässt, in den Fort Tryon Park, holt ein Kissen hervor und setzt sich auf eine Bank, möglichst immer auf die gleiche – die, auf der sie auch mit Louis Platz genommen hat. Nach dem Tode Paulas bringen die Söhne zum Gedenken an die beiden an dieser und der benachbarten Bank kleine Gedenktafeln an – jeweils mit einer Gedichtzeile. An Paula erinnern Henry und Walter mit Thomas Bailey Aldrichs Wort „What is lovely never dies, but passes into other loveliness": „Was schön ist, stirbt nie; es wandelt sich in andere Schönheit." Und wie ließe sich das Wesen des Louis Kissinger treffender in Worte fassen als mit einer Wendung Johann Wolfgang von Goethes aus seinen Gesprächen mit Eckermann: „Alles Edle ist an sich stiller Natur."

Manchmal, wenn Paula an ihrem Lebensabend hier sitzt, kommt auch einer der anderen Überlebenden des „Vierten

Über den Tod hinaus: Walter Kissinger mit seinen Kindern Dana und John am Grab von Karl und „Babby" Hezner in Leutershausen, August 1981.

Reiches" vorbei, wie die jüdischen Einwanderer Washington Heights Ende der dreißiger Jahre getauft haben. Dann wechseln die Alten ein Wort – meistens auf Englisch, manchmal auf Deutsch: „Nur wenn wir vom Krieg reden", sagt sie noch 1997, „sprechen wir immer deutsch." So bleibt das Land ihrer frühen Jahre der Dreh- und Angelpunkt im Denken und Fühlen der Paula Kissinger, geborene Stern – bis in den Tod, im Guten wie im Schlechten. Bei ihren Söhnen Henry und Walter ist das anders.

Gewiss, sie kommen gelegentlich nach Deutschland – Henry häufiger als Walter, schon, weil er beruflich immer wieder hier zu tun hat. Aber von einer lebenslangen inneren Bindung lässt sich anders als im Falle der Eltern nicht sprechen. Jedenfalls bei Walter.

Einfach so kommt Henry ohnehin nie nach Fürth. Es muss einen Anlass geben, sei es diese oder jene Ehrung, sei es ein Engagement als Festredner oder Konferenzteilnehmer. Und wenn er in der Gegend ist, beschränken sich die Aufenthalte auf das Nötigste, jedenfalls seit den fünfziger Jahren. Seither findet er auch nicht mehr den Weg nach Leutershausen, und man gewinnt den Eindruck, dass dieses Ausweichen nicht nur mit den Zwängen des Terminkalenders zu tun hat. Offenbar fällt es Henry mit zunehmendem Alter schwerer, an den Ort zurückzukehren, an dem Heinz die vielleicht glücklichste Zeit seines Lebens verbracht hat.

Bei Walter ist das anders. Er ist emotional robuster – nicht weniger empfindlich als der Bruder, aber in dieser Hinsicht widerstandsfähiger. Außerdem hat er eben mit diesem Kapitel seines Lebens abgeschlossen. Sehr früh und ziemlich konsequent. So kann er nicht nur in einer Art deutschem Umfeld leben, auf Long Island ein Haus bewohnen, das von außen beinahe einem miniaturisierten deutschen Schloss ähnelt, deutsche Motorräder

Großvater im Glück: Walter Kissinger mit seiner Tochter Dana (links) und seinen Enkeltöchtern, 2004.

und Autos fahren und sich zeitlebens einen deutschen Schäfer-
hund – natürlich stets mit einem deutschen Namen – halten. Es
fällt ihm auch leicht, an die Stätten der Kindheit zurückzukehren, jedenfalls leichter als Henry, dem das emotional sehr nahe
geht. So nahe, dass er einige Orte ganz meidet und andere mit
professioneller Miene als Positionen in einem überquellenden
Terminkalender im Eiltempo abhakt.

Natürlich hat Henry es bei solchen Visiten auch schwerer als
der Bruder, weil Walters Besuche in Fürth und Leutershausen
nicht gleich eine Schar von Journalisten anziehen. So kann
Walter in dieser Hinsicht ungezwungener planen und auftreten.
Denn er will die Verbindung zu seiner ersten Heimat halten, und
er will sie auch seinen Kindern näherbringen. So lernen die Vier
nicht nur während der Schulzeit Deutsch, wenn auch mit unter-
schiedlichem Erfolg, sie kommen auch alle mindestens einmal
nach Fürth und Leutershausen.

Walter selbst nutzt schon in den fünfziger, sechziger und siebziger Jahren Reisen nach Europa, um Abstecher nach Franken
zu machen. Ende August 1981 kommt er mit seinem Jüngsten
John und mit der Tochter Dana, die später in der Schweiz lebt
und dann noch einmal spontan mit ihrem Mann nach Leutershausen reist. Tom Kissinger, der sich von Walters Kindern am
intensivsten mit der Familiengeschichte beschäftigt und auch
der alten Großmutter in New York bis zu ihrem Tod fast wöchentlich einen Besuch abstattet, kommt Mitte Juni 1986 mit einer
Gruppe junger Leute. Drei Tage schaut er sich in der Heimat des
Vaters und der Großeltern um, und natürlich ist er bei den Töchtern der Hezners zu Gast. Zweieinhalb Jahre später, Mitte Dezember 1988, zieht es auch Walters Ältesten in die Heimat der
Familie: Auf der Fahrt von Wien zu seiner Schwester in Genf
nimmt Bill Kissinger den Weg über Leutershausen.

Bei Henry oder auch seinen Kindern ist das anders. In Leutershausen ist er seit den fünfziger Jahren nicht mehr gesehen

worden, und nach Fürth kommt er nur, wenn es einen Anlass gibt. Dann freilich kommt er. So zum Beispiel 1995, als ihn die Familie Schickedanz anlässlich des hundertsten Geburtstages des „Quelle"-Gründers als Festredner engagiert.

Ähnlich liegen die Dinge auch jetzt, im Juni 2004. Eine Veranstaltung in Bamberg ist der Anlass für den einundachtzigjährigen Politstar, um auf dem Weg von Italien nach China in Franken haltzumachen. Und weil Bruder Walter bald seinen Achtzigsten feiert, hat der Ältere den Jüngeren eingeladen mitzukommen. So wird der Ausflug der Brüder in die Stadt ihrer Kindheit und Jugend zu einer „sentimental journey", zu einer melancholischen Reise in die Vergangenheit.

Das spricht für ein gutes Verhältnis von Henry und Walter Kissinger, und für dieses wiederum gibt es Gründe, vor allem den, dass der Jüngere dem Älteren im Rampenlicht stets den Vortritt gelassen hat. Zum Glück hat Walter selbst den öffentlichen Auftritt nie gebraucht, ihn sogar gescheut. Selbst in den siebziger Jahren, als sie beide auf dem Höhepunkt ihrer Karrieren standen – der Ältere als Sicherheitsberater und Außenminister, der Jüngere als Präsident eines Industriekonzerns –, hat Walter nie versucht, Henry die Show zu stehlen.

Auch wenn man in Rechnung stellt, dass ihm das kaum gelungen wäre, weil Henry damals von den Medien wie ein Hollywood-Star gehandelt wurde, bleibt die Zurückhaltung bemerkenswert. Denn sie lässt etwas vom Charakter dieses Mannes erkennen. Walter Kissinger, der bereits mit Mitte Vierzig ausgesorgt hat, ruht in sich. Die Bestätigung, die Bruder Henry – auch er in seinem Metier mit Mitte Vierzig ein gemachter Mann – im öffentlichen Auftritt sucht, findet der Jüngere im Beruf, zunehmend im Sport, vor allem im Reiten, und natürlich: in seiner Familie.

Je älter Walter wird, um so mehr betätigt er sich ehrenamtlich. Im Mittelpunkt seiner vielfältigen Aktivitäten stehen der

Naturschutz sowie der soziale beziehungsweise karitative Bereich. Besonders wichtig ist ihm die Familien-Stiftung, die er gemeinsam mit seiner Frau Genie leitet und in der auch seine Kinder engagiert sind. „Zweimal im Jahr", berichtet Genie, „kommt die Familie an unterschiedlichen Orten zusammen, um über die Aktivitäten des zurückliegenden Jahres zu sprechen und sich zu beraten, welche Personen oder Institutionen wir in Zukunft unterstützen und fördern wollen. Walter und Tom kümmern sich um die Abwicklung."

Dass Walter sich neben anderen auch für Schulprojekte in Kambodscha engagiert, ist nicht ohne eine gewisse Pikanterie. Gewiss, es war nicht seine Idee; Bernhard Krisher, der Auslandskorrespondent von *Newsweek*, mit dem Walter befreundet ist, hat ihn dazu überredet. Aber wer würde bei Kambodscha nicht an den Einmarsch amerikanischer Truppen in dieses südostasiatische Land und damit an den denken, der 1970 in der amerikanischen Außenpolitik die Regie führte?

Wenn man die beiden alten Männer heute durch ihre deutsche Heimatstadt gehen sieht, ist man gerührt. Weil man ihre frühe Geschichte kennt, und weil alte Menschen ähnlich wie Kinder fürsorgliche Regungen hervorrufen. Man sollte sich nicht täuschen. Beide waren und sind in gewisser Weise immer noch entschlossene, energische, ambitionierte Männer. Der eine am Rednerpult, der andere im Sattel. Und wenn Männer, wie diese beiden, als Mittvierziger so ziemlich alles erreicht haben, was realistischerweise zu erreichen ist, müssen sie über eine beträchtliche Portion Ehrgeiz verfügen und, wenn es darauf ankommt, auch vom Einsatz der Ellenbogen nicht zurückscheuen.

In dieser Hinsicht gleichen sich die beiden – bei allen Unterschieden im übrigen. Verwundern kann das nicht, denn sie sind nicht nur Brüder, sondern sie haben als Kinder und Jugendliche auch das gleiche Schicksal erlebt, und das gemeinsam. Welche

Lebenswege sie unter anderen Umständen eingeschlagen hätten, welche Erfolge ihnen in Deutschland beschieden gewesen wären, wissen wir nicht. Aber dass ihre amerikanischen Karrieren ohne diesen erzwungenen Neuanfang nicht denkbar sind, ist offenkundig.

Das gibt ihrer gemeinsamen Rückkehr in die alte Heimat eine besondere Note. Der Auftritt der beiden in Fürth lässt das eine wie das andere schön erkennen – die Gemeinsamkeiten und die Unterschiede. So wie Henry im Rahmen der Fernsehdokumentation ihrer Geschichte erklärtermaßen seinem Bruder den Vortritt lässt, wenn es um die Familie geht, überlässt Walter diesem die öffentliche Bühne bei ihrem gemeinsamen Auftritt. Keine Frage, wer hier das Wort führt. Keine Frage auch, dass Walter mit dieser Verteilung der Rollen kein Problem hat.

Für die Stadt ist der Besuch natürlich wie stets ein Ereignis. Und so steht neben dem obligatorischen Eintrag ins Goldene Buch ein Mittagessen in der „Kartoffel" mit anschließender Pressekonferenz auf dem offiziellen Teil des Programms. Der inoffizielle gilt den Stätten der Kindheit, allen voran dem Ronhof beziehungsweise „Playmobil"-Stadion, wo Greuther Fürth, wie die Spielvereinigung jetzt heißt, zu Hause ist. Dann geht es – am Elternhaus in der Marienstraße vorbei – zum Grab des Großvaters auf dem jüdischen Friedhof.

Eigentlich ist von Bamberg aus, wo die beiden logieren, ein gemeinsamer Besuch bei den Töchtern der Hezners in Leutershausen geplant. Dann aber muss sich Henry zunächst um seinen erkrankten Bruder kümmern und dann auf den Weg nach Washington machen, um an den Trauerfeierlichkeiten für den verstorbenen Präsidenten Ronald Reagan teilzunehmen. Erneut gewinnt man den Eindruck, dass ihm der Anlass gelegen kommt. Eine Visite in Leutershausen, gewissermaßen der Umweg zum Flughafen, hätte schwerlich terminliche Probleme aufgeworfen. Die Flüge nach Washington gehen im Stundentakt.

Aber auch Walter muss die Visite absagen, weil er ins Krankenhaus eingeliefert wird. Zum Glück ist es dann doch nicht der befürchtete Schlaganfall. Übermüdung, eine verschleppte Infektion, Jetlag in Verbindung mit dem wohl trotz allem starken emotionalen Erlebnis haben den fast Achtzigjährigen niedergestreckt. Die Ärzte der Bamberger Klinik St. Getreu kümmern sich um den Notfall, und Henry, der schon auf dem Weg nach Amerika ist, bedankt sich später bei der Stadt mit einigen Zeilen und einem Scheck für die Rettung des Bruders. Dass Walter selbst es ähnlich hält, ist der Presse natürlich keine Schlagzeile wert.

Dem geht es am nächsten Tag schon besser, und so kann jedenfalls Walter noch nach Leutershausen fahren. Dieses Mal ist auch seine Frau Genie dabei. Eigentlich ist der Besuch nicht geplant, aber als sie vom Kollaps ihres Mannes erfährt, setzt sie sich ins nächste Flugzeug und reist nach Bamberg. So kommt auch Walters Frau am 12. Juni 2004 noch einmal nach Leutershausen – zum zweiten Mal in ihrem Leben und ungeplant.

Fast auf den Tag genau vier Jahre zuvor ist Genie Kissinger zuletzt bei den Töchtern der Hezners zu Besuch gewesen – als Abstecher auf einer Europa-Reise. Gewiss hat sie Walters Familiengeschichte interessiert, weil Walter ihr Mann ist. Da der aber mit dieser Geschichte früh abgeschlossen hat, und diese so gesehen kein Thema, schon gar kein unmittelbar belastendes, gewesen ist, hat Genie nie einen starken Wunsch verspürt, den Wurzeln ihres Mannes intensiver nachzuspüren.

Die Reise der Brüder nach Fürth, ihre „sentimental journey" vom Juni 2004, war etwas Besonderes, weil es – von dem Familientreffen des Jahres 1975 abgesehen – ihr erster und einziger gemeinsamer Besuch der Heimatstadt gewesen ist, seit sie diese beinahe 60 Jahre zuvor verlassen mussten. Viel haben die beiden in Fürth nicht von sich preisgegeben. Warum sollten sie auch? Sie wissen, was sie hergezogen hat. Wenn die Stadt ihm gleichgültig wäre, wie jemand Henry unterstellte, wäre er gewiss nicht hergekommen. Das sagt er ausdrücklich und kündigt, gleich für den Bruder mit, den nächsten Besuch an: Wenn alles gut geht, wenn sie gesund bleiben, werden sie wiederkommen. Spätestens im Herbst 2007, wenn ihr Fürth das große Stadtjubiläum feiert. Und spätestens dann werden sie auch mich wiedersehen, die ihre Geschichte aufgezeichnet und dabei zu ihnen gefunden hat.

Wie ich zu Henry und Walter fand

Als die Brüder an jenem denkwürdigen 7. Juni 2004 Fürth verlassen, bin ich guter Dinge. Henry hat zugesagt: „Ich gebe Ihnen das Interview. Allerdings nicht jetzt und heute hier in Fürth. Da müssen Sie leider nach Amerika kommen, aber ich gebe Ihnen das Interview!" Das waren seine Worte. Nach Amerika will und muss ich ohnehin – um dort an den Orten zu drehen, wo die Kissingers nach ihrer Flucht aus Deutschland gelebt haben. Und ich will das Interview mit Walter führen.

Als der Termin für den Besuch auf Walters Ranch in Colorado feststeht, rufe ich Henrys New Yorker Büro an. Vielleicht habe ich ja Glück. Vielleicht ist er ja in der Stadt. Vielleicht kann ich mehrere Fliegen mit einer Klappe schlagen. Leider wird nichts daraus. „Leider ist Dr. Kissinger in New York nicht verfügbar." Der Terminplan, ich wisse schon … Einmal mehr ist es Jessica P. Incao, kurz „Jessee", die mich ins Bild setzt. Sie wird im Laufe der kommenden Wochen und Monate zu einer entscheidenden Figur auf meinem Weg zu Henry, und der ist länger und steiniger, als ich im Sommer 2004 annehme.

Dafür lässt sich meine Beziehung zu Walter und Genie immer besser an. Seit meinem Besuch auf ihrer Ranch Ende August ist daraus fast schon eine Freundschaft geworden. Jedenfalls ist Walter bereit, mit mir einige jener Orte aufzusuchen, die in seinem frühen amerikanischen Leben von Bedeutung gewesen sind – Washington Heights, die neue Heimat der Familie Kissinger nach ihrer Vertreibung aus Fürth, oder auch Princeton, die erste und wichtigste Station in Walters akademischer Karriere.

Aber je näher der Termin rückt, um so höher werden die Hürden auf dem Weg nach Princeton und New York. Erst erkrankt „Gofer", Walters Lieblingspferd, und das verlangt seine ganze Aufmerksamkeit. Dann stellt sich heraus, dass Walters Söhne Tom und John keine Ahnung davon haben, dass ihr Vater mir ein Gespräch mit ihnen in Aussicht gestellt hat. Die beiden wollen beim New Yorker Marathon mitlaufen, danach unter die Dusche und anschließend so schnell wie möglich zurück nach New Jersey beziehungsweise Kalifornien. Und dass sie die knappe Zeit nach ihrer Ankunft nicht mit einer ihnen unbekannten Journalistin aus Deutschland verbringen, sondern zu einem Essen mit den Eltern nutzen wollen, kann ich verstehen.

Vor allem aber wird wieder einmal deutlich, wie schwer sich Walter mit der Reise in die Vergangenheit tut. Ende Oktober, wenige Tage vor meiner Abreise nach Amerika, bittet er telefonisch um Verständnis für seine reservierte Haltung zu meinem Vorhaben: Die Jahre in Washington Heights seien eben nicht die glücklichsten seines Lebens gewesen. Aber inzwischen kenne ich Walter und bin mir sicher: Wenn ich erst mal da bin, wird er sich öffnen. So kommt es dann auch.

Am 3. November 2004 geht's wieder nach Amerika: Mit Singapore Airlines von Frankfurt nach New York. Das ist der angenehme Teil der Reise. Mühsam wird es am Flughafen. Erst müssen wir im Kennedy Airport mit unserer Ausrüstung alle möglichen Hindernisse passieren – denn ich habe wieder ein deutsches Kamerateam dabei. Als wir dann endlich unseren Mietwagen gefunden haben, stellt uns das Navigationssystem vor nicht unbeträchtliche Probleme. Aber dann schaffen wir es doch nach Manhattan. Auf Empfehlung Walters habe ich mich im Waldorf Astoria einquartiert, und dort wartet schon eine Nachricht auf mich: „Willkommen in Amerika – Walter." Also doch!

Nicht nur am nächsten Morgen bin ich um Fünf auf den Beinen. So habe ich den ganzen Tag, und den brauche ich auch. Denn mein Programm ist sehr dicht, und im Hintergrund wartet keine Produktionsfirma, die alles für mich regelt. Ich bin ein Einfraubetrieb: Drehbuchautorin, Regisseurin, Produzentin, Moderatorin, Sekretärin, Maskenbildnerin – einfach alles. Das hat seine Vorteile, denn so werden die Begegnungen vor der Kamera menschlicher, authentischer und glaubhafter.

Außerdem kann ich mich selbst so einbringen, wie ich mich fühle. Und wenn ich drehe, vor allem mit einem der beiden Brüder, fühle ich mich gut. Obgleich das frühe Aufstehen, die langen, anstrengenden Drehtage, die Autofahrten, das wechselhafte Wetter und die vielen Gespräche in einer fremden Sprache an den Kräften zehren, sieht man mir die Strapazen nicht an. Finde ich jedenfalls. Ich fühle mich glücklich und ausgeglichen.

Gleich am ersten Tag drehen wir auf dem Empire State Building, dann in Washington Heights. Und da spüre ich zum ersten Mal, dass auch ich mein Vorhaben nicht ohne innere Hemmung angehe. Ich muss an die Menschen und ihre Schicksale denken: Ob hier noch der ein oder andere lebt, der damals dem Verfolgungs- und Vernichtungsfeldzug in Deutschland entkommen konnte? Vielleicht sogar aus Fürth oder Nürnberg? Ich empfinde mich als Eindringling, verzichte darauf, Menschen oder Namensschilder aus der Nähe zu filmen, und finde nicht den Mut, mich hier oder da nach Paula Kissinger zu erkundigen, die ja bis zu ihrem Tod vor sechs Jahren hier gelebt hat. Verstohlen schaue ich mir einige Hauseingänge aus der Nähe an. Und tatsächlich, da sind sie – zwischen amerikanischen und spanischen auch einige deutsche Namen: Stern, Fein, Rosenberg …

Zurück im Hotel erinnern mich ein wunderschöner Blumenstrauß und eine Telefonnachricht von Walter daran, dass ich heute Geburtstag habe: „Happy birthday Evi!" Eine schöne Einstimmung auf den nächsten Tag, an dem ich mit Walter und Genie verabredet bin. In seinem Büro auf Long Island lerne ich endlich auch Anne kennen. Sie ist sozusagen Walters Jessee.

Der Tag selbst ist außerordentlich hektisch – weil er ohnehin mit Drehplänen vollgepackt ist, weil Walter und Genie eben doch ältere Menschen und zudem im Fernsehmetier unerfahren sind, und weil immer wieder etwas dazwischen kommt. Zum Beispiel einige Fotoalben, von denen vorher nicht die Rede war. Walter hat zwei identische Exemplare eines Albums anfertigen lassen – eines für mich, eines für ihn selbst –, in dem die wichtigsten Stationen seines Lebens dokumentiert sind: alles penibel nummeriert und akribisch beschriftet. Vor allem aber zeigt er mir abends bei sich zu Hause ein Album, das Tom seiner Mutter Genie zum Geburtstag geschenkt hat: die Geschichte von „Mama K.", wie Paula in der Familie genannt wurde.

Und ich darf alles filmen, die frühen Aufnahmen aus Deutschland, die Zeugnisse, die Pässe – einfach alles. Phantastisch! Die Aufnahmen im Büro gelingen zwar, aber Walter setzt uns mit seinem Zeitplan doch sehr unter Druck, hat kein Verständnis für die Zugzwänge unserer Arbeit. Er will die Zeit mit mir verbringen, mit mir reden, mit mir Essen gehen, mir sein Zuhause zeigen. Die Kamera ist für ihn zweitrangig, ein notwendiges Übel.

Am nächsten Tag steht Princeton auf dem Programm – der Besuch eines Football-Spiels, eine Visite in Walters Club, dann ein Blick in sein ehemaliges Studentenzimmer. Vor allem aber lässt Walter seine Abschlussarbeit für den Bachelor aus dem Archiv holen. Mehr als 50 Jahre ist es nun her, seit er sie eingereicht hat. Er selbst besitzt gar kein Exemplar seiner Studie über die russische Ostasienpolitik der Jahre 1895 bis 1904 mehr. Dabei schließt sie mit einem bemerkenswerten Ausblick auf die Zeit ihrer Entstehung, also auf die frühen fünfziger Jahre. Ich nehme diese Passagen in meinen Film auf. Als die beiden Brüder ihn sich ein Jahr später ansehen, fragt Henry erstaunt: „Du hast das geschrieben?"

Das alles ahne ich im November 2004 noch nicht. Ich habe andere Sorgen. Leider vergisst Walter immer wieder, dass ich der Aufnahmen wegen hier bin. Zum Beispiel am nächsten Tag. Mitten in New York City. Walter ist mit seinem cremefarbenen Mercedes Cabriolet in die Stadt gekommen. Das hat dann einen Platten, ausgerechnet am Times Square, also am belebtesten Punkt in Manhattan. Und als wir ratlos dastehen, mitten im tosenden Verkehr, beginnt er zu erzählen – von seinen frühen Erlebnissen, von Fürth, von Leutershausen. Ich bitte ihn inständig, mir das nicht hier und jetzt zu erzählen. Aber er fährt fort, weil ihm die Geschichte nun einmal hier und jetzt in den Sinn komme und er solche Dinge nicht wiederholen wolle. Natürlich ist die Kamera nicht einsatzbereit. Und dann drängt die Zeit, denn Walter will pünktlich zum Ende des Marathon am Zieleinlauf sein, um seine Söhne zu sehen.

Ich bin dem Wahnsinn nahe. Aber irgendwie kommt gerade bei Walter immer alles anders als man denkt. Als ich schon nicht mehr an einen Erfolg glaube – inzwischen sind wir in Washington Heights angelangt –, vergisst Walter die Kamera, die dieses Mal mitläuft, und erzählt. An einem Stück. Fast eine Stunde lang, während wir durch den Park gehen und Walter mir die Bänke zeigt, auf denen die Eltern so gerne gesessen haben und an denen die Söhne später für jeden der beiden eine Gedichtzeile haben anbringen lassen.

Und dann führt Walter mich zur Fort Washington Avenue, zeigt mir das Haus, in dem die Familie nach ihrer Vertreibung aus Deutschland und einer Zwischenstation in der gegenüberliegenden Bronx gelebt hat. Und er erklärt mir, wo die Wohnung war. Ins Haus kommen wir nicht. Als ich auf die Klingelschilder zeige und ihn frage, ob es noch einen vertrauten Namen gebe, schaut er kaum hin und sagt: „Nein, gibt es nicht." Damit ist Walter wieder in der Gegenwart, verabschiedet sich höflich und fährt mit Genie zum Marathon. Mein Team und ich schaffen es später doch noch, im Eingangsbereich des Hauses zu drehen. Am Schneidetisch wird dann alles geschickt montiert, und es sieht jetzt so aus, als sei ich mit Walter in sein erstes Zuhause auf amerikanischem Boden hineingegangen und auch mit ihm gemeinsam wieder herausgekommen.

Am Montagabend lädt mich Walter zu einem Benefiz-Konzert in die Carnegie Hall ein. Eine Drehgenehmigung habe ich zwar nicht bekommen, dafür stellt Walter mich einigen Leute vor, die für meinen Film wichtig sein könnten. Er tut das übrigens wie schon auf der Party in Colorado mit dem Kommentar: „Das ist Evi. Sie ist die Barbara Walters aus Deutschland." Ist mir das peinlich! Natürlich weiß ich, dass Barbara Walters die Grande Dame des amerikanischen Fernsehens ist.

Immerhin lerne ich so einige interessante Menschen kennen, vor allem Anita Helmrich und ihren Mann Joe. Er ist als deutscher Jude in Köln geboren und hat es wie die Familie Kissinger 1938 noch geschafft herauszukommen. Sie ist eine alte und sehr gute Freundin der Familie, weiß sehr viel über alle Vier und kann das auch noch anschaulich vor laufender Kamera erzählen. Anita Helmrich ist ein Glücksfall, und eine attraktive Frau ist sie auch. Als ich sie am nächsten Tag in Westchester besuchen darf, und sie mir Kopien von Briefen und Aufzeichnungen Paula und Louis Kissingers in die Hand drückt, bin ich glücklich.

Daran ändert sich auch nichts, seit ich am 11. November wieder in Deutschland bin. Jedenfalls vorerst nicht. Dann aber holt mich die Wirklichkeit wieder ein, und die hat einen Namen: Henry. Zwei Telefonate mit seinem Büro lassen keinen Zweifel, dass es in diesem Jahr nichts mehr wird. Jessee tut, was sie kann. Sagt sie jedenfalls. Aber in Henrys Terminkalender will sich einfach kein Platz für die eine Stunde finden lassen. Walter, dem ich das berichte, ist sehr „irritiert", dass seine „Bemühungen ein Jahr lang ohne Erfolg geblieben sind", und fügt hinzu: „Ich zögere ein wenig, eine neue Runde zu eröffnen."

War es das? Bin ich gescheitert? Am Jahresende 2004 sieht es fast so aus. Sicher, Walter habe ich gefunden. Und das ist ohne Zweifel eine große Bereicherung, für die ich dankbar und auf die ich stolz bin. Es ist mehr, als ich erwarten konnte, und die Erfahrung hat mich stark gemacht. Aber für meinen Film, in den ich schon so viele Mittel und vor allem so intensive Emotionen investiert habe, reicht das nicht. Ich brauche Henry. Außerdem will ich es jetzt wissen. Hat er mir nicht im Juni das Interview in die

Hand versprochen? Ich will, dass er sein Wort hält. Also bleibe ich am Ball. Immer noch. Jetzt erst recht.

So lerne ich Jessica P. Incao kennen. Denn der Weg in Henrys Büro und damit zu meinem Interview führt über sie. Die Telefonate mit ihr werden inzwischen zu einem Alptraum. Nicht weil sie mir unsympathisch wäre. Ich mag ihre Stimme. Aber sie spricht nicht nur sehr schnell, Jessee fasst sich auch immer äußerst knapp, und was sie mir zu sagen hat, ist in aller Regel unerfreulich: eine Absage nach der anderen.

In solchen Situationen beschleichen mich Selbstzweifel, die ich sonst nicht kenne. Habe ich mir nicht doch zuviel vorgenommen? Hätte ich es nicht bei dem ursprünglich geplanten Kurzportrait für die „Frankenschau" belassen sollen, auch wenn man nicht einmal das für interessant gehalten hat? Und warum sollte Henry K., der sonst nach eigenem Bekunden „niemals Interviews über sein Privatleben" gibt, ausgerechnet mir Frage und Antwort stehen?

Und dann denke ich darüber nach, ob ich das Erlebte und Erfahrene tatsächlich mit der Öffentlichkeit teilen, ob ich den Film, den ich unbedingt machen will, auch veröffentlichen möchte. Und jedesmal komme ich zum selben Schluss: „Nein, eigentlich nicht. Eigentlich möchte ich die Augen zumachen, alles tief in meinem Herzen verschließen und für mich behalten." Aber dafür ist es zu spät. Denn mein Film ist ja auch ein Versprechen an die beiden, auch an Henry, dass ich ihre Geschichte erzählen werde. Und ich habe seine Zusage, dass er mitmacht.

Heute habe ich Jessee sofort am Apparat: Dr. Kissinger sei sehr beschäftigt, habe nicht viel Zeit. Aha, denke ich, wie gehabt. Aber dann schlägt Jessee vor, unsere Terminkalender zur Hand zu nehmen: Gehe es im April? Welche Woche mir passe? Ich traue meinen Ohren nicht und sage nur: „Jeder Termin ist mir recht." Also gut: Mittwoch, 19. April, drei Uhr nachmittags? „Natürlich, und wo?" In seinem New Yorker Büro. Ich bin so sprachlos, dass ich vergesse sie zu fragen, wie viel Zeit mir denn zur Verfügung stehe. Als ich Jessee daher noch einmal anrufe, sagt sie, Dr. Kissinger habe an jenem Tag zehn Termine und gebe mir 20 Minuten. Spätestens nach 21 Minuten werde er verschwinden. So mache er das immer.

Kann man sein Leben in 20 Minuten erzählen? Ich werde es herausfinden. Eine Alternative gibt es nicht. Für alle Fälle vereinbare ich um den Termin herum weitere, zum Beispiel mit Marvin Kalb, einem der kompetenten Biographen Henry Kissingers, und natürlich vor allem mit Walter und Genie. Inzwischen ist schon die Uhrzeit für den Interviewtermin mit Henry verschoben worden, und mit leeren Händen will ich auf keinen Fall zurückfliegen. Immerhin nehme ich am 16. April wieder mein eigenes Team nach New York mit, diesmal vier Mann und zwei Kameras stark.

Zunächst nutzen wir den Aufenthalt für ergänzende Aufnahmen in Washington Heights: die Synagoge, die Hochschule, die Straßen. Dann, einen Tag vor dem Interview, dürfen wir kurz in Henrys Büro, um uns auf die Dreharbeiten vorzubereiten. Das Büro liegt an der Park Avenue, schräg gegenüber vom Waldorf Astoria, wo ich wieder logiere. Von meinem Fenster aus kann ich das beeindruckende Gebäude sehen. Hinweise auf die Residenten gibt es nicht.

Wie es drinnen wohl aussieht? Am nächsten Tag weiß ich es. Nachdem ich den Aufzug verlassen, eine verschlissene Couchgarnitur sowie eine Glasscheibe passiert habe, hinter der eine junge blonde Frau sitzt, öffnet sich eine massive Holztür, und im Rahmen steht: Sie. Jessee ist ganz anders, als ich sie mir vorgestellt habe – jung, nett, eher der Typ graue Maus. Wir begrüßen uns freundlich, später unterhalte ich mich ein wenig mit ihr, und am nächsten Tag bringe ich ihr einen sorgfältig ausgesuchten Blumenstrauß, über den sie sich sichtlich freut: Sie selbst könne sich das nicht leisten, sagt sie.

Heute also darf ich Henrys Welt betreten. Eigentlich bin ich enttäuscht. Die Atmosphäre ist ernüchternd. Nichts Besonderes, schon gar nichts Staatsmännisches. Das Ganze ist dringend renovierungsbedürftig, zumindest müsste mal ein Maler kommen und die Wände frisch streichen. Außerdem steht ziemlich viel herum, auch auf den Fluren: Kartons, Stapel mit Papieren und Zeitungen, irgendwelche Büromöbel, die niemand mehr braucht. Rechts eine offen stehende Bürotür, links Jessees sehr kleines, sehr volles Büro. Am Ende des Flurs, rechts, Henrys Büro. Gegenüber sitzt eine gleichfalls sehr junge Frau, vor sich eine Art Theke mit Zetteln, Papieren, Mails. Bei anderer Gelegenheit sehe ich, was es damit auf sich hat: Immer wenn er aus seinem Büro kommt, sichtet er als erstes diese Stapel.

Der für das Interview vorgesehene Raum ist furchtbar klein und nichtssagend. An einigen Details erkenne ich es wieder: Hier hat Henry im Oktober 2002 Günter Gaus ein Interview *Zur Person* gegeben. Gaus hatte 1962 an einem der berühmten Sommerseminare teilgenommen, die Kissinger damals in Harvard organisierte. Sein Gespräch mit Henry war wie fast alles, was der inzwischen verstorbene Gaus abgeliefert hat, gut und aufschlussreich. Aber bei allem, was sich auf die frühen Jahre bezog, wich Henry aus.

Ich will es besser machen. Dazu gehört, dass wir mit Jessees Erlaubnis das taubenblau gestrichene Zimmer für unser morgiges Interview umräumen. Also wandert einiges, darunter ein Gummibaum, hinaus auf den Flur und vergrößert dort einstweilen die allgemeine Unordnung. Drin bleiben unter anderem zwei gewaltige Ohrenbackensessel, in den ich Henry und mich für das Gespräch platzieren will. Natürlich ist es ein Zufall, aber auch Walter saß seinerzeit, als ich ihn im Juni 2003 erstmals in einem Londoner Hotel aufsuchte, in so einem Sessel.

Am folgenden Tag, es ist Dienstag, der 19. April 2005, schlüpfe ich morgens in mein neues apricotfarbenes Kleid und mache mich gegen 11 Uhr auf den Weg in Henrys Büro. Ich bin guter Dinge, freue mich auf das Interview, freue mich auf Henry. Vor Ort erklärt mir Jessee, dass es unbedingt bei den 20 Minuten bleiben müsse, und meine Jungs, die schon seit einiger Zeit aufbauen und ausleuchten, sagen mir, Henry sei offenbar schlechter Laune, habe sie angeknurrt und seinerseits auf die 20 Minuten verwiesen. Als ich das höre, bin ich maßlos enttäuscht. Nach dieser langen Zeit und all den Hindernissen, die zu nehmen waren, bin ich den Tränen nah und würde am liebsten die Kameras abbauen lassen und gehen. Nein, so nicht! So springt niemand mit mir um! Auch Henry Kissinger nicht. Ich weiß, dass meine Stimmung sich nun auch nicht für ein gutes Interview mit Henry eignet.

Aber ich stehe nun einmal in seinem Reich, und als er zwischendurch einmal kurz auftaucht und mich ausgesprochen nett und charmant begrüßt, beginnt meine Stimmung zu kippen, obgleich auch er noch einmal betont: „Egal was Sie fragen werden, Frau Kurz: bitte nur 20 Minuten." Wenig später bittet er mich zum Vorgespräch in sein Büro. Überall große Bilderrahmen mit signierten Fotos, die ihn mit der politischen Prominenz dieser Welt zeigen, außerdem – fast ein bisschen drohend und ein wenig zu hoch gehängt – ein in pastelligen Blau-, Weiß- und Gelbtönen gehaltenes Portrait einer blonden Dame: Nancy, seine zweite Frau. Ich glaube damals nicht, dass ich auch sie treffen werde.

Henry fragt mich, worüber ich ihn befragen wolle, und ich sage: „Über die unbeschwerte Kindheit in Fürth, über die Familie und die Verwandten, und natürlich auch über die Entwicklung seit der Machtübernahme durch die Nazis." Henry nickt, und da ich schon einmal dabei bin, versichere ich ihm noch einmal, dass es mir nicht um eine Enthüllungsgeschichte dieser oder jener Art geht, erzähle von meinen Recherchen und von den Begegnungen und Gesprächen mit seinem Bruder und gebe meiner Hoffnung Ausdruck, dass er vielleicht doch ein wenig mehr Zeit erübrigen könne.

Tatsächlich schaut er auf die Uhr und sagt, dass er um 13.30 fort müsse. Wenn wir uns beeilten ... Da gebe ich ihm dann doch die Geschenke, die ich mitgebracht habe, ihm aber wegen der anfänglich miesen Atmosphäre nicht habe geben wollen: Neben einigen sorgfältig ausgesuchten Fotos auch jene Fürther Schatulle, von denen ich je eine für die beiden Brüder nach einem alten Fürther Wappen habe anfertigen lassen – unter anderem aus dem Holz einer einhundertfünfzigjährigen Buchenknolle. Der Baum stand einst im Fürther Stadtpark. Außerdem noch einige Blätter aus dem Leutershausener Garten, unter anderem von einem Zwetschgenbaum.

Henry ist sichtlich gerührt, und wenn ich mich nicht sehr täusche, höre ich ihn zum ersten und einzigen Mal mit leicht gebrochener Stimme sprechen: Aus Großvaters Garten? Aus dem Garten in Leutershausen? „Ja, da steht ein ganz alter Zwetschgenbaum. Davon habe ich das Blatt gepflückt." Er fasst meinen Unterarm, drückt ihn ganz fest und sagt, dass er das nicht erwartet habe. Dass ich mir so viele Gedanken gemacht hätte... Ich spüre: Das ist keine Floskel.

Das Interview ist gut und aufschlussreich, schon weil Henry jetzt auch vor laufender Kamera zu Protokoll gibt, dass er eigentlich nie über solche Dinge spreche. Vor allem aber gibt er mir mehr als 20 Minuten. Als ich ihn danach noch um ein Foto bitte, legt er den Arm um meine Taille, hält mich richtig schön fest im Arm und fragt mich, was ich denn nun seinem Bruder sagen werde, sollte der sich nach seinem Benehmen erkundigen. Ordentlich? Oder garstig? Die Sache scheint ihm wichtig. Jedenfalls stellt er mir die Frage noch einmal, hält mich dabei weiter fest im Arm und bietet seinen ganzen Charme auf. So komme ich zu einer Reihe schöner Bilder – und er schließlich zu seiner Antwort. Sie gefällt ihm.

Zwei Fürther: New York, 19. April 2005.

Walter gefällt sie auch. Wir haben uns zum Abendessen im Princeton Club in Manhattan verabredet. Genie nimmt mich in Empfang, umarmt mich, bringt mich auf ihr Zimmer und erzählt, dass die beiden den ganzen Tag sehr gespannt und nervös gewesen seien. Wenig später kommt Walter aus der Bibliothek, strahlt mich an, umarmt mich gleichfalls. Dann erzähle ich ihnen die ganze Geschichte, von Anfang an.

Als ich vom ersten barschen Auftreten Henrys berichte und sage, dass ich kurz davor gewesen sei zu gehen, reagiert Walter mit einem roten Kopf und erzählt dann seinerseits, dass sein Bruder ihn vor drei Wochen noch einmal angerufen und gefragt habe, ob er – Walter – wirklich wolle, dass er – Henry – mir – Evi – das Interview gebe. Der weitere Bericht über mein morgendliches Treffen mit Henry stellt ihn dann allerdings sehr zufrieden. Draußen vor dem Club wird noch ein Foto von uns Dreien gemacht. Später schreibt mir Walter darauf: „Für Evi – Eine große Künstlerin und eine gute Freundin."

Beim Essen dann dies und das, darunter eine aufschlussreiche Episode, die Walter erzählt: Irgendwann nach Nixons Rücktritt als Präsident habe er diesen zu Gesprächen mit einer chinesischen Handelsdelegation eingeladen und ihm bei dieser Gelegenheit gesagt: „Eine Sache haben Sie ganz schlecht gemacht, und deshalb bin ich Ihnen bis heute gram." Als Nixon, der keinen Humor besessen habe, zur Salzsäule erstarrt sei, habe er dem Ex-Präsidenten erklärt: „Sie haben einen unbekannten Harvard-Professor zum Außenminister gemacht und mich damit zu Henry Kissingers Bruder." Mehr als zwei Jahre, nachdem ich mich an das Thema gemacht und die beiden kennengelernt habe, weiß ich, was er meint.

Als ich Walter beim Abendessen erzähle, dass Henry ihn heute morgen immer wieder in seine Antworten einbezogen habe, freut ihn das sehr, und offensichtlich ist auch bei Henry ein gutes Gefühl zurückgeblieben. Jedenfalls bringt Walter wenige

Tage nach meiner Abreise den Eindruck, den das Interview bei seinem Bruder hinterlassen hat, in einer E-Mail so auf den Punkt: „Er hält Sie für eine bezaubernde und sehr intelligente Person und scheint mit dem Gespräch sehr zufrieden."

Letzteres hat der mir auch noch signalisiert, bevor ich New York verlassen habe. Als ich am Morgen nach dem Interview zufällig dem wie stets eiligen Henry in die Arme laufe, weil ich unten einige Zeilen für ihn abgeben will, sagt er, dass er letzte Nacht noch mit Walter telefoniert habe. Sie hätten lange gesprochen. Aber jetzt müsse er wirklich los …

Ich übrigens auch, denn ich habe mich mit Marvin Kalb in Washington verabredet. Wir reisen mit dem Auto von New York aus an und treffen uns um elf Uhr in seinem Büro. Marvin Kalb ist sehr groß, sieht immer noch gut aus, und ist ausgesprochen charmant. Es wird ein tolles Interview. Kalb erzählt präzise, mitreißend und viel ausführlicher als geplant.

Als mein Team und ich uns dann auf den Heimweg nach Deutschland machen, bin ich erledigt. Emotional und körperlich. Fix und fertig. Wegen der Begegnungen mit den beiden Brüdern, der zweiten mit Henry, der vierten mit Walter. Und wegen des Chaos am Flughafen in Washington. Alles geht schief. Wir laufen in die falschen Richtungen, stehen in langen Schlangen an den verkehrten Schaltern, finden erst nicht den Zoll und haben dann nicht die richtigen Papiere. Irgendwann sind wir dann doch im Flugzeug nach New York, und als ich dort im Flieger nach Deutschland sitze, verschlafe ich einfach alles – Getränke, Abendessen, Frühstück. Kurz bevor wir in Frankfurt aufsetzen, werde ich geweckt. Ich bin stolz und glücklich, denn in meiner Tasche sind die Bänder mit dem Henry-Interview. Jetzt habe ich die Substanz für meinen Film.

Aber ich will mehr. Vor allem wünsche ich mir noch Bilder und Gespräche mit dem einen oder anderen von Walters Kindern, mit

Henrys Frau Nancy und wenn möglich mit Henry selbst. Dass er mir nicht mehr für ein exklusives Interview zur Verfügung stehen wird, ist klar. Aber vielleicht ergibt sich ja eine Gelegenheit, ihn noch einmal aus der Nähe zu beobachten. Sie ergibt sich. Schneller als ich denke.

Am 8. Mai 2005 hält sich Henry Kissinger auf Einladung des hessischen Ministerpräsidenten Roland Koch in Darmstadt und Heppenheim auf, um an den Gedenkfeiern zum sechzigsten Jahrestag des Kriegsendes teilzunehmen. Henry hatte das in New York erwähnt und gemeint, dass der Termin für mich vielleicht von Interesse sei. Natürlich will ich dabei sein. Weil das eine Chance ist ihn wiederzusehen, aber auch weil er in Heppenheim jene Villa besuchen wird, in der er als junger amerikanischer Besatzungsoffizier nach dem Krieg residiert hat. Die Bilder brauche ich. Und ich bekomme sie – gegen alle Widerstände. Schließlich kriege ich für den Abend als einzige eine Drehgenehmigung für Heppenheim – und eine Einladung zum Abendessen im sehr kleinen Kreis. Alles ohne Empfehlungen oder Beziehungen.

Zuerst aber Darmstadt. Bevor Henry dort seine Rede hält, gibt's im Nebenraum einen kleinen Empfang des Ministerpräsidenten mit den Mitgliedern des Kabinetts. Mir gelingt es dazuzustoßen. Ich kenne niemanden, nicht eines der Gesichter kommt mir bekannt vor. Das beruht offensichtlich auf Gegenseitigkeit. Ich werde verstohlen, aber intensiv gemustert: Was macht die denn hier? Aber keiner traut sich, mich anzusprechen.

Dann kommen sie. Koch staatsmännisch gestikulierend voraus, Henry mit charmantem Lächeln und den charakteristisch nach vorne gezogenen Schultern schräg hinter ihm. Ich habe mich am Eingang platziert. Henry, der keine Ahnung hat, dass ich hier bin, sieht mich, will auf mich zu, wird aber vom Ministerpräsidenten in die andere Richtung abgedrängt. Das Protokoll … Nachdem Henry die Hände irgendeines Ministers geschüttelt hat, dreht er sich doch um, kommt strahlend auf mich zu und sagt: „Oh Evi, wie schön, dass Sie hier sind. Ich freue mich sehr, dass Sie da sind. Danke, dass Sie gekommen sind." Evi! Zum ersten Mal nennt Henry mich beim Vornamen.

Koch ignoriert mich, begrüßt mich nicht einmal. Egal, ist sein Problem. Nachdem Henry das Spalier abgelaufen hat, geht man in den Saal – Henry, Koch, die Minister, ich mittendrin. Während Henry seine kluge, aufschlussreiche Rede hält, habe ich Zeit, ihn zu beobachten. Er sieht schlecht aus, hat eine dicke, gelblich-weiße Gesichtshaut. Er macht zu viel. Von Walter weiß ich, dass er gerade erst im Krankenhaus gewesen ist. Übrigens wie Walter selbst, beide mit Herzproblemen, beide für den gleichen Eingriff. Allerdings hat Henry schon eine Vorgeschichte: Herzinfarkt, Bypässe und so weiter. Ich mache mir Sorgen.

Dann ist Henry fertig. Applaus, Spalier, Menschentrauben. Ich halte mich im Hintergrund. Als Henry mich ausmacht, kommt er erneut auf mich zu, drückt mir noch einmal die Hand und sagt: „Danke Evi, danke, dass Sie hier sind. Ich freue mich wirklich sehr. Danke!" Viel Zeit bleibt nicht, für das Protokoll nicht, und für mein Kamerateam auch nicht. Immerhin habe ich nicht nur eines in Heppenheim stationiert, sondern auch ein zweites hier, in Darmstadt, in Position gebracht. Vor der Tür hunderte Schaulustiger, berittene Polizei, weiße Eskorte. Kaum ist Henry im Wagen, setzt sich der Tross Richtung Heppenheim in Bewegung.

Ich bin wieder mittendrin, denn ich habe eine Erlaubnis bekommen, mich mit eigenem Wagen und Fahrer in die Kolonne einzureihen. Also brausen wir davon – vor uns und hinter uns von Blaulichtern eingerahmt, quer durch Darmstadt, über rote Ampeln und gesperrte Kreuzungen, auf die Autobahn. Das ist ganz schön aufregend. Man kommt sich sehr wichtig vor, und ich verstehe, warum Henry nicht aufhören will, Henry zu sein.

Der Tag endet mit einem ausgiebigen Essen in Henrys vormaliger Dienstvilla. Unter den rund 20 geladenen Gästen sind vor allem prominente Gesichter aus der deutschen Wirtschaft und Politik. Ich sitze auf Henrys Seite, allerdings so ziemlich am anderen Ende der Tafel, so dass ich ihn nicht beobachten kann. Als er mir im allgemeinen Aufbruch ohne Abschied zu entschwinden droht und ich ihm von hinten sachte auf die Schulter tippe, dreht er sich um und sagt: „Oh Evi, ich habe gerade nach Ihnen Ausschau gehalten. Schade, dass wir keine Gelegenheit hatten, ungestört miteinander zu sprechen." Natürlich gebe ich noch nicht auf, schlage ihm für den kommenden Morgen ein gemeinsames Frühstück vor. Aber Henry winkt ab. Er muss nach China. „Auf Wiedersehen."

Ich werde ihn wiedersehen. Wann auch immer. Einstweilen nutze ich die Zeit für ergänzende Aufnahmen und Interviews, zum Beispiel mit Helmut Schmidt, mit dem ich im Hamburger Hotel Atlantik verabredet bin. Es wird ein schönes, konzentriertes Gespräch. Eigentlich ist es das erste Mal, dass sich der Altkanzler so zu Henry Kissinger äußert. Dabei kennen und schätzen sich die beiden seit Jahrzehnten. Aber auch Helmut Schmidt weiß nicht, dass Henry Kissinger einen Bruder hat.

Natürlich stehe ich mit diesem nach wie vor in intensivem und sehr persönlichem Kontakt. Nur einmal gibt es eine Verstimmung. Als ich Walter frage, ob er etwas dagegen habe, wenn ich mit dem ein oder anderen seiner Schulkameraden spreche, antwortet Walter ungewohnt entschieden: Bei allem Respekt für meine journalistische Hingabe, aber weder er noch Bruder Henry wollten Beziehungen wiederbeleben, die mehr als 60 Jahre zurücklägen – unabhängig davon, ob sie im Film Verwendung fänden oder nicht.

Dafür hilft mir Walter, einen Termin mit seinem Sohn Tom zu arrangieren. Das ist eine neue Dimension. Bislang war mir der Zugang zu den Enkeln von Louis und Paula Kissinger verschlossen. Jetzt also Tom, von dem ich weiß, dass er einen besonders

Die dritte Generation: „Oma" Paula Kissinger mit ihrem Enkel Tom, dem zweitältesten Sohn von Walter Kissinger.

engen Kontakt zu seiner Großmutter hatte. Er lädt mich in sein Haus in New Jersey unweit von New York City ein. Also sitze ich am 4. Juni 2005 wieder im Flieger. Es ist die vierte Amerika-Reise für meinen Film, und natürlich habe ich wieder mein eigenes Kamerateam dabei.

Meine Erwartung hält sich in Grenzen, weil sich im Vorfeld unserer Begegnung Toms Begeisterung in Grenzen gehalten hat. Ich habe das Gefühl, als lasse sich Tom nur seiner Eltern wegen auf die Sache ein. Außerdem logiere ich nicht im pulsierenden Manhattan, sondern in einem Glaspalast irgendwo auf der grünen Wiese von New Jersey. Aber dann kommt es doch einmal wieder anders als gedacht.

Als ich am nächsten Morgen zur vereinbarten Zeit an einem hübschen, am Waldrand gelegenen Haus klingle, öffnet mir ein nicht besonders hoch gewachsener, schlanker, jungenhafter, insgesamt unauffälliger Mann die Tür: Tom Kissinger hat, jedenfalls rein äußerlich, wenig Ähnlichkeit mit seinem Vater. Aber seine Beziehung zu ihm wie zu seiner Mutter ist eng und innig. In diesem Jahr wird er erstmals Weihnachten nicht mit ihnen verbringen. Dabei ist er 43 und hat eine eigene Familie, seine Frau Annette – schlank, dunkelblond, selbstbewusst, offen, intelligent, uneitel – und zwei kleine Töchter, von denen eine nach Toms Großmutter genannt ist, also Paula heißt.

Womit wir beim Thema sind. Paula Kissinger, das wird heute einmal mehr deutlich, war das Zentrum dieser Familie, auch für die Enkel, jedenfalls für diesen: Jeden Freitagabend habe er sie besucht und so nach und nach die ganze Geschichte in Erfahrung gebracht. Eine kleine Person mit einer enormen Ausstrahlung. Nur über einen zweiten Menschen spricht Tom mit einem ähnlichen Respekt: Sein Vater habe Außergewöhnliches geleistet.

„Und der Onkel?" Die Frage gefällt dem Neffen sichtlich nicht. Von Henry spreche ohnehin niemand mehr. Und mir wird klar, dass Walter seine Kinder tatsächlich so erzogen und auf ihr

Leben vorbereitet hat, dass sie den Namen ihres berühmten Onkels nie als Türöffner für die eigene Karriere gebrauchen mussten. Als mich Tom dann noch in den Keller führt, auf eine lange Regalwand voller Fotoalben deutet und mir eines mit Bildern von „Oma" zeigt, spüre ich, dass meine Beziehung zu dieser bemerkenswerten Familie um eine schöne Facette reicher ist.

Und da ich nun schon einmal in der Gegend bin, habe ich mich natürlich auch mit Walter und Genie verabredet. Als ich ihr Haus in Huntington auf Long Island erstmals bei Tageslicht sehe, frage ich mich: Nimmt man sich mit, wohin man geht? Heißt einmal deutsch für immer deutsch? Oder hat mein Eindruck nur damit zu tun, dass ich Amerika nicht wirklich kenne? Die Gegend ist wunderschön und wohlhabend, die Grundstücke sind riesig.

Walters Haus ist alles mögliche, nur nicht amerikanisch. Es passt nicht hierher. Es ist ein europäisches Haus, gut 100 Jahre alt, aus Naturstein gebaut, für die Gegend ungewöhnlich hoch, mit Rundungen und Erkern, efeuberankt. Das Ganze mutet wie ein kleines Schloss an – zumal es ein wenig in die Jahre gekommen ist. Und kaum sind wir vorgefahren, werden wir von „Wolfgang" begrüßt. Wolfgang ist der jüngste Vertreter deutscher Schäferhunde mit männlichen deutschen Vornamen, von denen Walter in seinem Heim auf Long Island stets einen gehalten hat.

In der Garage parkt Walter sein Motorrad, selbstredend eine schwere BMW. Und obgleich ein Unwetter aufzieht, lässt er es sich nicht nehmen und dreht unter Donnern und Blitzen einige Runden. Walter braucht das, und weil er glaubt, dass mein Team und ich etwas Deutsches brauchen, will er uns eine Freude machen und lädt uns zum Abendessen in ein deutsches Lokal ein, mit schrecklichem Ambiente und ältlicher Bedienung im Dirndl.

Ginge es nach Genie, wäre Huntington längst aufgegeben. Andernorts habe man doch wunderschöne Domizile, sagt sie, zum Beispiel die Ranch in Colorado. Das kann ich aus eigener Anschauung bestätigen. Aber Walter will Huntington nicht

Auf deutschem Gefährt durchs amerikanische Leben: Walter Kissinger im Alter von 81 Jahren auf seiner BMW-Maschine in Huntington, Long Island, Juni 2005.

aufgeben. Auf keinen Fall, es ist sein Zuhause. Hier sind seine Kinder groß geworden, und gerade weil sie inzwischen aus dem Haus sind, hängt Walter an diesem Domizil. Es steht für sein Leben mit der Familie, und Walter ist nun einmal ein Familienmensch. Die Kinder und seine inzwischen acht Enkel sind der Mittelpunkt seines Lebens – erst recht jetzt, wo das Berufsleben hinter ihm liegt. Walter braucht die heimische, die private Atmosphäre – ganz anders als sein Bruder: „Mein Wunsch nach einem zurückgezogenen Leben", sagt er, „gehört nicht zu denen, die von Henry geteilt werden."

Für meinen Film ist der Besuch bei Walter ergiebig. Dass er mir diese oder jene örtliche Universität zeigt, in deren Beirat er tätig ist, oder mich zu Topspin, also zu jener Firma führt, in der er nach wie vor als Partner und Unternehmer aktiv ist, kommt mir zwar gelegen, weil diese Tätigkeiten zu seinem Leben und damit in meinen Film gehören. Wenig Freude habe ich hingegen an dem schon bekannten Spiel: Wenn Walter für Aufnahmen bereit ist, sind wir es gerade nicht, weil wir zum Beispiel nicht schnell genug mit unserer Ausrüstung in den Wagen springen können, um im Gewittersturm mit Walters BMW mithalten zu können. Oder Walter will lieber mit mir reden, als noch einen Kameraschwenk durch den Wohnbereich mit dem offenen Kamin, der üppig ausgestatteten Bibliothek oder dem riesigen Fernseher über sich ergehen zu lassen.

Aber einiges nehme ich doch mit, als ich am 7. Juni, einem Dienstag, wieder im Flugzeug sitze, und vor allem: Ich verstehe immer besser, was aus zwei Brüdern geworden ist, die vor beinahe sieben Jahrzehnten mein Land und meine Stadt verlassen mussten. Und je näher ich ihnen komme, um so mehr will ich über sie, vor allem aber von ihnen wissen. Auch von Henry.

Also gehe ich in eine neue Runde. Im Sommer 2005 intensiviere ich den Kontakt, schreibe Henry, erinnere an seine Zusage vom

April zu versuchen, ihn mit seiner Frau Nancy ins Bild zu bringen. Aber ich sehe bald ein, dass daraus nichts werden wird. Wie Genie mir schreibt, ist ihre Schwägerin „extrem kamerascheu", so dass es nicht einmal ein gemeinsames Foto der beiden Brüder mit ihren Frauen gibt.

Ende August rufe ich dann in Henrys Büro an, sage Jessee, dass ich ihn sprechen möchte, einfach so. Jessee findet das völlig normal, aber leider kann sie mir nicht helfen, vormittags nicht, und nachmittags nicht. Henry ist schon weg oder noch nicht wieder da. Und dann fragt sie mich unvermittelt, ob sie und die anderen im Büro denn irgendwann einmal meinen Film sehen könnten? „Klar", sage ich, „gerne, wenn er fertig ist!" und das bringt mich auf eine Idee: Ich habe Walter versprochen, nach New York zu kommen und ihm den Rohschnitt zu zeigen. Zur Zeit überlegen wir – Walter, Genie und ich –, ob wir das noch vor Weihnachten schaffen, bevor die beiden die alljährliche Reise nach Kalifornien antreten. Warum mache ich Henry nicht dasselbe Angebot?

Allerdings muss der Film dafür erst einmal präsentabel sein. Eine riesige Herausforderung. Normalerweise nehmen sich ganze Redaktionsteams solche Stoffe vor. Vier oder fünf Mann, von dem technischen Apparat gar nicht zu reden. Ich bin ein Einfrauteam – mit einem kleinen Studio in meiner kleinen Firma, einer Cutterin, mit der ich täglich zehn Stunden arbeite, und diesem oder jenem, den ich gelegentlich um Rat frage. Im übrigen mache ich alles selbst – ich recherchiere, ich schreibe das Drehbuch und alle Texte, ich suche die passende Musik und ich sichte das gefilmte Material, und das sind allein bis jetzt etwa 4 000 Minuten. Am 2. September 2005 beginne ich mit dem Schnitt, und mit dem Schnitt kommen die schlaflosen Nächte. Habe ich mich übernommen?

Wenn ja, kann ich jetzt nicht mehr zurück. Also weiter. Tatsächlich kann ich Ende November den Leuten vom Bayerischen

Fernsehen in München eine Rohfassung beider Teile zeigen. Und was die gesehen haben, soll auch Walter sehen. Und wenn Walter den Film sieht, soll auch Henry die Chance haben – wenn er denn will. Und Henry will, wenn auch sozusagen im letzten Augenblick, als ich schon in New York bin.

Denn am 17. Dezember 2005, eine Woche vor Weihnachten, habe ich mich wieder auf den Weg gemacht, diesmal ohne Kamerateam. Es ist meine fünfte Amerikareise in Sachen Kissinger, und es ist die erste, auf der ich nichts von den Brüdern will, jedenfalls keine Interviews, Fotos oder Dokumente. Ich will ihnen etwas zeigen, die erste Fassung des Films. Wenn ich sie ihnen persönlich vorführe, bin ich natürlich einmal mehr mit ihnen zusammen. So gesehen, will ich doch etwas von ihnen.

Walter und Genie sehen unserem Treffen mit Spannung und Freude entgegen. Von Henry habe ich nichts gehört. Aber wer nicht wagt ... Also checke ich mich im Waldorf ein, und nachdem ich mich ein wenig ausgeruht, dann rasch geduscht habe, mache ich mich auf den kurzen Weg. Im Hotel besorge ich noch eine Blume als Dekoration für ein Geschenk: Jessee hat mir nämlich am Telefon von ihrer Hochzeit erzählt. Die freut sich sehr, umarmt mich und fragt, ob sie mir etwas anbieten könne. „Nein, danke." Ich will die Situation nicht ausnutzen. Später bereue ich das.

Henry ist natürlich nicht da, aber Jessee verspricht, ihm von meinem Besuch zu berichten. Immerhin hat er mir eines seiner Bücher signiert, das ich beim letzten Mal mit dieser Bitte hier gelassen habe. So habe ich einen freien Nachmittag, kaufe mir einen Hot Dog und spaziere durch das weihnachtlich dekorierte Manhattan. Ich hatte davon gehört, es aber nie selbst gesehen. Ich bin sehr beeindruckt.

Am anderen Morgen bestätigt Anne, sozusagen Jessees Zwilling in Walters Büro, den Termin mit Walter und Genie. Alles sei vorbereitet und in bester Ordnung. Die beiden holen mich im

Waldorf ab. Wir begrüßen uns sehr herzlich. Wir sind Freunde. Walter hat morgens mit seinem Bruder telefoniert, der beste Grüße übermitteln lässt und den Film unbedingt sehen will. Möglichst bald. Aber die Termine … Im übrigen bezeichnet mich Henry gegenüber Walter einmal mehr als eine Frau, die wisse, was sie wolle. Da hat er recht, obwohl ich mir nicht sicher bin, wie Henry das meint.

Die Vorführung meines Films für Walter und Genie findet im Princeton Club statt, und ich denke bei mir: Nach und nach lerne ich diese Stadt über die Orte kennen, die für Henry und Walter eine Bedeutung haben. Für alle Fälle bereite ich Walter darauf vor, dass alles im Film drin sei – auch die Unterdrückung, auch die Vertreibung, auch das Schicksal der Angehörigen, die das nicht überlebt hätten. Walter beruhigt mich – er sei „hart im Nehmen" und außerdem kenne er die Geschichte ja. Ich spiele den Film ab und lese dabei die Textpartien vor.

Als der erste Teil vorbei ist, beginnt Genie zu weinen. Walter rührt sich zunächst nicht, sagt dann – mit leiser, gebrochener Stimme – er sei tief gerührt, und dann kommen auch ihm die Tränen. Mir geht es nicht anders. Der zweite Teil endet mit einem Bild, dass die beiden Brüder, um die sechzig, mit ihrer Mutter zeigt, dazu gibt es das „Andante un pocco masso" aus Beethovens Klavierkonzert Nr. 5. Als erneut die Tränen fließen – bei Genie, bei Walter und auch bei mir –, sagt Walter: Er finde keine Worte, und das komme nicht häufig vor. So einen Film habe er nicht erwartet. Und diesen Tag werde er nie vergessen. Niemals. Ich auch nicht. Dafür habe ich gearbeitet, dafür hat sich alles gelohnt.

Später, als wir im Waldorf zu Abend essen, frage ich Walter, warum er mich von Anfang an unterstützt, warum er gegen alle Widerstände auch auf seinen Bruder eingewirkt habe, mir die Geschichte der Familie anzuvertrauen. Seine Antwort freut mich, weil sie mir zeigt, dass es richtig war, mich auf mein Gefühl zu

Fester Halt: Die Brüder Henry und Walter Kissinger mit ihrer Mutter Paula, Mitte der achtziger Jahre.

verlassen: Wie ich es angepackt hätte, sagt Walter, wie ich auf ihn, auf Henry, auf Genie und die anderen zugegangen sei, habe ihm gefallen. Und er sagt auch, dass er nie zuvor mit jemandem so über Henry gesprochen habe wie mit mir.

Dann ergänzt er seine Eindrücke von meinem Film und stellt fest, dass er seinen Bruder noch nie so auf dem Bildschirm erlebt habe. Henry spreche im Fernsehen niemals über persönliche Dinge – weil er das nicht möge, und weil er das wegen seiner Position hier in Amerika auch nicht könne. Natürlich erwähne ich, dass ich den Film auch mit Henry gemeinsam anschauen möchte. „Ich finde, das ist er mir irgendwie schuldig." Walter stimmt zu, gibt aber zu bedenken, dass sich sein Bruder niemals neunzig Minuten nehmen würde, um etwas anzuschauen. Das würde er für niemanden tun, nicht einmal für Nancy. Das liege in seiner Natur. Er könne es nicht oder doch nicht mehr. Nach wenigen Minuten stehe er auf, laufe herum oder gehe fort. So mache er es auch mit Büchern. Er fange eines an, lege es fort und begänne mit dem nächsten.

Am nächsten Morgen meldet sich Walter. Er hat mit Henry telefoniert, über eine Stunde, und ihm vom gestrigen Tag und von meinem Film erzählt. Und zu seiner großen Überraschung habe sein Bruder ihm gesagt, dass er mich und meinen Film sehen wolle. Vor allem sei er neugierig, was Helmut Schmidt über ihn gesagt habe. Viel Zeit habe Henry nicht, höchstens 20 Minuten ... Morgen früh, neun Uhr, solle ich Jessee anrufen. „Juhu!" Später meldet sich Walter noch einmal, sagt mir, wie ich mich verhalten solle. Er ist rührend besorgt um mich. Er weiß, dass sein Bruder gerade eine große Ausnahme gemacht hat.

Natürlich wird der Termin mit Henry noch zweimal verschoben: Von Fünf auf Halbsechs, dann doch wieder auf Fünf. Mir soll's recht sein. Umbuchen musste ich sowieso. Also rüste ich mich für meine vierte Begegnung mit Henry: kurzer brauner Rock, helles Top und grünliche Jacke, dazu Perlohrringe. Ich sehe gut aus. Sagt auch Henry, als er mich in seinem Büro begrüßt. Dann das Übliche: Eigentlich habe er keine Zeit. Es tue ihm leid, aber morgen früh müsse er in den Urlaub.

Wir schauen uns den Film auf meinem Laptop an. Dafür müssen wir uns eng nebeneinandersetzen, über Eck auf seiner Couchgarnitur. Die Textpartien lese ich ihm aus meinem Manuskript vor, sozusagen direkt in sein Ohr. Eine skurrile, eine unwirkliche Situation. Ich genieße sie. So schaut er sich den ganzen Teil über Fürth an, macht mir wiederholt Komplimente. Das sei ja ganz erstaunlich, was ich da alles gefunden habe, vor allem auch über seine Eltern. Das bewege ihn sehr.

Dann schaut er auf die Uhr, und ich bin sauer. Ich stoppe den Film. „So geht das nicht. So geht die ganze Stimmung verloren, und davon lebt der Film." Er ist überrascht, schaut mich von der Seite an und entschuldigt sich: Er sei halt immer in Eile. Natürlich wisse er, dass er es mir sehr schwer gemacht habe; aber er habe eben nicht geglaubt, dass ich es ehrlich meine. „Noch immer nicht?" Nein, dafür habe er zu viele schlechte Erfahrungen gemacht, und sein Bruder sei ziemlich naiv. Ob ich eine Vorstellung hätte, was „die" wohl hier in Amerika mit diesem Material angestellt hätten? Ich ahne es. Aber ich bin eben nicht „die".

Das weiß jetzt auch Henry Kissinger, der eigentlich los muss. Aber was die anderen von ihm denken, was vor allem Helmut Schmidt über ihn gesagt hat, will er doch noch sehen. Dann springt er aber doch auf, sagt, er habe mir mehr als doppelt so viel Zeit gegeben wie vorgesehen. Jetzt müsse er fort. Allerdings verspricht er mir, sich den ganzen Film mit mir noch einmal in Ruhe anzusehen, und stürmt aus der Tür. Während ich meine Sachen zusammenpacke, fällt mir auf, dass wir uns gar nicht verabschiedet haben. Das sage ich ihm auch, als ich ihn draußen noch den Stapel mit Nachrichten sichten sehe. Henry sieht das ein, kommt noch einmal lachend und sehr charmant auf mich zu und so bekomme ich auch noch ein Foto von uns beiden, das Jessee für mich schießt.

Später erzählt mir Walter, dass Henry wegen seines Benehmens ein schlechtes Gewissen habe, aber von meinem Film sehr beeindruckt und begeistert sei, wegen der Vorführung sogar einen Termin verpasst habe. Und dann bestätigt mir Walter, was Henry auch zu Jessee sagte, als sie das Foto von uns schoss: „Wir müssen einen Termin vereinbaren, im Februar oder im März, wenn ich mehr Zeit habe. Ich will den ganzen Film mit Ihnen ansehen." Es wird also ein nächstes Mal geben, und Henry wird etwas tun, was selbst sein Bruder für ausgeschlossen gehalten hat: Er wird sich die ganzen 90 Minuten anschauen.

Ich bin glücklich, und ich bin auch ein bisschen stolz. Und das Gefühl trägt mich durch den Tag, der ein einziges Chaos ist: Die öffentlichen Verkehrsmittel sind durch irgendeinen Streik lahmgelegt. Taxis gibt es nicht, und freie Straßen schon gar nicht. Zum Glück habe ich morgens im Hotel einen Wagen reservieren lassen, und als der mich schließlich nach einer Fahrt im Schneckentempo am Flughafen abgesetzt hat und ich in meinem Sitz in den Schlaf falle, denke ich: Ich habe sie geschafft – das Chaos und Henry.

Allerdings bin ich noch nicht am Ende meiner Reise. Der Film ist noch nicht fertig, die Verhandlungen mit dem Bayerischen Rundfunk sind noch nicht einmal in einem entscheidenden Stadium – und vor allem weiß ich nicht, ob ich schon so weit bin, ihn aus der Hand zugeben. Je mehr ich in den ruhigen Tagen um die Jahreswende 2005/2006 darüber nachdenke, je ehrlicher ich in mich hineinhöre, um so deutlicher vernehme ich eine Stimme, die sagt: Diese Geschichte hat sich verselbständigt. Sie hat nicht nur intellektuell und emotional von mir Besitz ergriffen, sie ist längst mit mir verwoben, ist zu einem Teil meines Ichs geworden.

Das fühlt sich gut an – auf der einen Seite. Auf der anderen beginne ich zu verstehen, dass darin ein schwer zu nehmendes Hindernis auf dem Weg zur Fertigstellung meines Films liegen könnte. Ist das auch der Grund, warum ich schon seit einiger Zeit daran denke, dem Film ein Buch folgen zu lassen? Zunächst war das einer jener Gedanken, die kommen und gehen. Aber irgendwann blieb er, und spätestens auf meiner letzten Amerikareise wurde aus der Idee ein Vorhaben.

Erfahrung habe ich damit bislang nicht, aber ich weiß, dass ich schreiben kann. Einen Dokumentarfilm dieser Dimension habe ich ja auch noch nie in Angriff genommen, aber ich war mir immer sicher, dass ich der Aufgabe gewachsen sein würde. Vor allem aber sehe ich die Funktion – oder besser gesagt: die Funktionen –, die das Schreiben für mich haben kann. Ich werde ein weiteres Jahr, vielleicht auch zwei, bei meiner Geschichte bleiben, und wenn alles gut geht, schreibe ich sie mir von der Seele – und bin frei.

Offenbar spüren das auch diejenigen, die ich seit Anfang des Jahres 2006 um Rat frage. Es ist ein kleiner Kreis von Männern, die mir beruflich auf die eine oder andere Weise, die einen früher, die anderen später, über den Weg gelaufen sind. Als ich ihnen Mitte Januar die Rohfassung meines Films zeige, finden sie allesamt, dass ich gegenüber der ARD auf der Ausstrahlung des ganzen Films, also auf den 90 Minuten, bestehen solle. Außerdem sind sie ungefragt der Überzeugung, dass ich die Sache abschließen müsse, und finden die Idee mit dem Buch auch deshalb gut.

Damit habe ich mein persönliches Drehbuch für die kommenden Wochen und Monate. Zunächst schreibe ich dem Chefredakteur der ARD, dringe auf einen Gesprächstermin und bekomme ihn auch. Immerhin arbeite ich seit Jahrzehnten für das öffentlich-rechtliche Fernsehen. Seither zeichnet sich eine Lösung ab, mit der ich leben kann: Der Bayerische Rundfunk wird den Zweiteiler ausstrahlen, das Erste bringt eine fünfundvierzigminütige Kurzfassung.

Für mich heißt das natürlich, dass ich mich jetzt nicht nur um eine, sondern um zwei, nein sogar um drei Fassungen meines Films zu kümmern habe, denn natürlich plane ich inzwischen auch eine englischsprachige Version. Das macht die Sache nicht einfacher – aber womöglich leichter: Irgendwann wird ein Punkt erreicht sein, an dem ich diese Geschichte nicht mehr hören und sehen kann. Und dann kann, dann werde ich ihr endgültig Adieu sagen.

Aber dafür muss die eine wie die andere Fassung erst einmal fertig sein, und darum führe ich jetzt die letzten Gespräche – mit Hans-Dietrich Genscher, der sofort zusagt, und mit Erika Bickert und ihrem Mann Konrad, denen die Fernsehwelt fremd ist und die schon deshalb einen Auftritt vor laufender Kamera bislang abgelehnt haben. Dabei sind die beiden für meinen Film so wichtig wie wenige sonst: Erika und ihre Schwester Lore waren die Spielkameradinnen von Heinz und Walter, und ihre Eltern Karl und Babby Hezner waren die einzigen, die nach der Machtübernahme durch die Nazis zu Louis und Paula Kissinger gehalten haben. Deshalb hatte mich Walter in seinem allerersten Brief vom April 2003 an Erika und Lore verwiesen, und deshalb bin ich glücklich, dass Erika und Konrad Bickert Mitte Februar 2006, also fast drei Jahre später, ihre Skrupel überwinden und erstmals öffentlich über diese Geschichte sprechen.

Wie ich überhaupt zu dieser Zeit viel Glück habe. Denn Tom Kissinger bleibt tatsächlich am Ball, sucht zu Hause nach Bildern und anderen Dokumenten seiner Großeltern und macht sie mir zugänglich. So bekomme ich unter anderem die letzten Fotos der Familie vor ihrer Einschiffung nach Amerika, später sogar den Mitschnitt eines etwa vierstündigen Gesprächs, das Paula Kissinger kurz vor ihrem Tod mit einer amerikanischen Journalistin geführt hat und das strikt unter Verschluss ist.

Einmal mehr freue ich mich über das Vertrauen der Familie, und getragen von diesem schönen Gefühl gehe ich in die letzte Runde: Alle Mitglieder der Familie, die Zeit und Lust haben, sollen den mehr oder weniger fertigen Film sehen können – in New York versteht sich. Allerdings sind Walter und Genie noch in Kalifornien, Tom ist beruflich eingespannt, und der sowieso nie greifbare Henry ist gestürzt und hat sich einen komplizierten Arm- und Schulterbruch zugezogen.

Um so überraschter bin ich, als sich Jessee Ende März meldet und mich um Terminvorschläge bittet: Dr. Kissinger sei bereit, sich den ganzen Film anzuschauen. Aber selbst Jessee weiß nicht, was mir Walter einige Tage später erzählen wird: Auch Nancy wolle den Film sehen. Als er und Genie wenige Tage zuvor zum Dinner bei Henry und Nancy gewesen seien, um deren zweiunddreißigsten Hochzeitstag zu feiern, habe er, Walter, Nancy eingeladen. Natürlich könne er nicht garantieren, dass sie auch wirklich auftauchen werde. Sie sei nun einmal sehr scheu.

Ich bin wie elektrisiert: Nancy Kissinger, Henrys zweite Ehefrau, ist ein Phänomen. Seit Jahren hat sie sich kaum in der Öffentlichkeit gezeigt, und wie bei allen Menschen, die diese scheuen, weil sie gebrannte Kinder sind, ranken sich alle möglichen Legenden und Gerüchte um ihre Person. Bei mir wirft Walters Nachricht einstweilen nur Fragen auf: Werde ich die Frau vielleicht noch in meinen Film bekommen? Warum will sie ihn überhaupt ansehen? Will sie ihrerseits hinein? Oder wird sie ihn Henry madig machen?

Und dann überkommt mich, ganz und gar unerwartet, ein Gefühl, das ich bislang nicht kannte, jedenfalls nicht im Zusammenhang mit meinem Film. Es ist ein Gefühl der Trauer, nein eher der Wehmut, und es überlagert die Freude, die ich natürlich empfinde: Was für ein fulminanter Abschluss. Nie hätte ich mir träumen lassen, dass sich die beiden Brüder meinen

Film mit mir anschauen würden – gemeinsam und mit ihren Ehefrauen.

Aber es ist eben auch der Abschluss. Wenn Henry und Walter meinen Film sehen und mit ihm leben können, haben wir endgültig zueinander gefunden. Dann heißt es Abschied nehmen von einem Ziel, das ich mehr als drei Jahre fest im Auge gehabt und – allen Widerständen zum Trotz – nie aufgegeben habe. Und je deutlicher mir das ins Bewusstsein rückt, um so mehr fürchte ich die Leere, die von mir Besitz ergreifen wird, wenn der Film zu Ende ist und wir alle unserer Wege gehen. Und so mischt sich in meine Wehmut auch die Angst vor diesem Moment.

Das Ganze verdichtet sich zu einer Gemütsverfassung, die den Wunsch aufkommen lässt, dieses Mal, das letzte Mal, nicht alleine zu reisen. Ich möchte jemanden an meiner Seite, einen Mann aus der Gruppe meiner Ratgeber, der da ist, der mich ein wenig auffängt, falls ich emotional ins Trudeln gerate. Nur ist so kurzfristig keiner greifbar. Der eine kann nicht, der andere will nicht, ein dritter kommt nicht wirklich in Betracht.

Also sitze ich am 10. April 2006 alleine im Flugzeug nach New York. Wie oft habe ich diese Strecke in den letzten Monaten zurückgelegt. Und doch ist dieses Mal alles anders. Keine freudige Erwartung, kein Herzklopfen. Nichts beflügelt mich, nichts freut mich. Ich bin melancholisch und niedergeschlagen – im Flugzeug und auch in Manhattan. Und während ich sehr früh ins Bett gehe, mir die Decke über den Kopf ziehe und in einen unruhigen Schlaf falle, denke ich einmal mehr und beziehe das jetzt auf mich: „Man nimmt sich mit, wohin man geht."

Und weil das so ist, weil ich mich nie habe unterkriegen lassen, weil ich ein optimistischer Mensch bin, sieht die Welt am nächsten Morgen schon anders aus. Und wieder einmal hat Walter daran entscheidenden Anteil. Zwar habe ich, als er am späten Vormittag anruft, gerade über einen Broker eine sündhaft teure Karte für die Met bekommen. Aber was soll's? Dann verfällt sie eben. Das Abendessen mit Walter und Genie im Princeton Club – wo sonst? – ist mir allemal wichtiger und lieber.

Das Dinner am Abend vor der Filmpremiere beruhigt mich und gibt überdies Gelegenheit, schon einmal den Plan eines dem Film folgenden Buches anzusprechen. Walter hat zunächst keine Meinung, findet die Idee aber dann plausibel – und stimmt zu. Außerdem erfahre ich einiges über Henrys zweite Frau und über deren sozusagen über Nacht arrangierte Hochzeit in Acapulco – aus erster Hand. Denn anders als die damals nicht informierten Journalisten, die entsprechend überrascht und verärgert reagierten, waren Walter und Genie dabei. So bin ich auf Nancy Kissinger vorbereitet – und dann doch überrascht.

Denn die Dame, die ich am nächsten Tag, es ist Mittwoch, der 12. April 2006, kennenlerne, entspricht nicht dem Bild, das ich mir von Nancy gemacht habe und das die Öffentlichkeit von ihr kennt: Wenn sie sich dort einmal zeigt, ist sie entsprechend gestylt – eine attraktive Frau an Henrys Seite. Aber der Auftritt im Princeton Club ist eben gerade kein öffentlicher, sondern ein privater, und so gesehen begreife ich ihn als Kompliment, als Ausdruck des Vertrauens: Ungeschminkt, kaum frisiert und in ein Irgendetwas gehüllt, gleitet Nancy – als letzte und leicht verspätet – zur Tür hinein. Mir ist sofort klar, dass an eine Filmaufnahme oder auch nur ein Foto nicht zu denken ist und wohl auch erst gar nicht gedacht werden soll. Aber Nancy ist nett, begrüßt mich freundlich und mit Namen, und nimmt dann neben uns am Tisch im legendären Princeton Club Platz.

Mit von der Partie sind neben Nancy Henry, der pünktlich erscheint, Walter, Genie und Tom. Dann geht's los. Ich übersetze einige Partien, und Henry und Walter kommentieren hie und da spontan dieses und jenes. Klar, dass ich vor allem auf Henrys Urteil gespannt bin. Er sieht ja den Film zum ersten Mal in voller Länge – und verhält sich großartig, betont wiederholt, wie sehr ihn das alles berühre, wundert sich, wo ich die Zeitzeugen, die Bilder und die Dokumente aufgetrieben habe, und sagt dann: „Sie haben mich in keinem einzigen Punkt enttäuscht. Wirklich in keinem einzigen. Sie haben sich sehr korrekt verhalten. Das ist normalerweise nicht so." Später berichtet mir Walter noch einmal über Henrys Reaktion, Henry sei sehr bewegt. Es sei ein großartiger, ein wunderschöner Film.

Natürlich ergreife ich die Gelegenheit beim Schopf und frage Henry, ob er etwas dagegen habe, dass ich den Film in andere Länder bringe. „Nein, Sie können damit tun, was Sie wollen." Und ein Buch zum Film? „Selbstverständlich, wenn Sie das machen wollen." Als Henry sich nach dem Verlag erkundigt, erzähle ich ihm vom Stand der Dinge und den Vorgesprächen mit meinem Agenten.

Dann ist auch schon alles vorbei. Nancy ist nach einer kurzen Verabschiedung so unauffällig verschwunden, wie sie gekommen ist. Tom gelingt es im dritten oder vierten Anlauf, ein Foto von Henry, Walter und mir zu machen. Henry signiert noch rasch zwei Bilder für mich und muss dann los. Walter, Genie, Tom und ich bleiben zum Lunch im Club. Das Gespräch dreht sich um Nancy. Die drei kennen sie eben sehr gut, und ich denke mir: die einen so, die anderen anders. Jedenfalls hat auch Nancy Kissinger meinen Film sehen wollen.

Abends treffe ich mich dann noch einmal mit Walter und Genie im Waldorf. Es ist ein Abschied. Sicher, wir werden in Verbindung und verbunden bleiben, aber es ist ein Abschied. Wir wissen, dass wir am Ende eines langen Weges angekommen sind, der vor drei Jahren in einem Londoner Hotel begonnen hat. Später notiere ich: „Ein sehr würdiger und schöner Abschluss. Sehr viel Nähe, sehr viel Wärme. Ich fühle mich gut und tief zufrieden."

Bevor ich mich am nächsten Tag zum Flughafen fahren lasse, rufe ich noch einmal bei Jessee an und frage sie, ob ich ihr den schönen Blumenstrauß bringen dürfe, den Walter mir tags zuvor auf mein Zimmer hat bringen lassen. Jessee sagt begeistert zu, und so gehe ich noch einmal auf einen Sprung auf die andere Seite der Park Avenue. Auch das ist auf seine Weise ein Abschied.

Was bleibt, ist das Buch. Wird es tragen? Wird es mich tragen? Als ich Mai 2006 damit beginne, meine Unterlagen zu ordnen, und bei dieser Gelegenheit versuche, mit Hilfe der Brüder Lükken zu schließen, stoße ich auf reservierte Reaktionen. Nicht dass Henry und Walter jetzt etwas gegen das Buch hätten; ich treffe beide deswegen auch noch einmal in New York. Aber sie haben mit der Rückkehr in ihre Vergangenheit abgeschlossen. Ich verstehe das. Sie haben sich sehr engagiert – weit mehr, als ich in meinen kühnsten Träumen erwarten konnte. Jetzt wollen sie die Geschichte ruhen lassen.

Ich kann das noch nicht. Meine Geschichte habe ich noch nicht zu Ende gebracht, aber ich weiß: Ich muss sie zu Ende bringen, muss loslassen. Das Buch entreißt mir die Geschichte mit jedem Blatt. Mit jedem Satz gebe ich weg, was mich erfüllt und beflügelt hat, und ich frage mich: Kann ich auch ohne diese Geschichte fliegen? Tragen die Flügel?

Personenregister

Bildnachweis

Ap Bildarchiv, Frankfurt, Seite 153; Konrad Bickert, Leutershausen, Seite 145, 195; Günther Kögler, Nürnberg, Seite 25 und Umschlagrückseite; Nürnberger Nachrichten, Nürnberg (Kögler), Seite 169, 172, 193; Stadtarchiv Fürth, Seite 87; TLF-TimeLineFilm GmbH, Fürth, Seite 28, 31, 217, 226; Ullstein Bild, Berlin, Seite 159; alle anderen: Kissinger family archive, New York. Bei einigen Abbildungen konnten die Urheber nicht ermittelt werden. Rechteinhaber mögen sich bitte an den Verlag wenden.